Otto Hedicke

Geschichte des Infanterie-Regiments Herzog von Holstein (Holsteinsches) Nr. 85

Fortsetzung der ersten fünf Jahre des Holsteinschen Infanterie-Regiments

Nr. 85

Otto Hedicke

Geschichte des Infanterie-Regiments Herzog von Holstein (Holsteinsches) Nr. 85
Fortsetzung der ersten fünf Jahre des Holsteinschen Infanterie-Regiments Nr. 85

ISBN/EAN: 9783743690691

Hergestellt in Europa, USA, Kanada, Australien, Japan

Cover: Foto ©ninafisch / pixelio.de

Weitere Bücher finden Sie auf **www.hansebooks.com**

Geschichte

des

Infanterie-Regiments Herzog von Holstein
(Holsteinsches) Nr. 85.

Fortsetzung der ersten fünf Jahre des Holsteinschen
Infanterie-Regiments Nr. 85.

Von

Hedicke,
Major im Regiment.

𝕰𝕸𝕾

Mit drei farbigen Stammtafeln.

— ⋅ ✦ ⋅ —

Berlin 1891.
Ernst Siegfried Mittler und Sohn
Königliche Hofbuchhandlung
Kochstraße 68—70.

Geschichte

des

Infanterie-Regiments Herzog von Holstein
(Holsteinsches) Nr. 85.

Fortsetzung der ersten fünf Jahre des Holsteinschen
Infanterie-Regiments Nr. 85.

Von

Hedicke,
Major im Regiment.

EMS

Mit drei farbigen Stammtafeln.

Berlin 1891.
Ernst Siegfried Mittler und Sohn
Königliche Hofbuchhandlung
Kochstraße 68—70.

Nach dem Frieden.

Mit der Rückkehr in die Garnisonen begann die Friedensarbeit des Regiments, jene reiche Thätigkeit, welche sich nicht gleich der stolzen Ruhmesgeschichte der Kriegsjahre in glänzenden Worten verewigen läßt, deren Darstellung sich vielmehr auf die schlichte Aneinanderreihung einzelner Thatsachen, welche in das Leben des Offizierkorps und der Truppe mehr oder weniger tief eingriffen, beschränken muß.

Hierhin gehört zunächst die Verleihung des Eisernen Kreuzes für die Fahnen des Regiments. Die A. K. O., gegeben am Tage des Einzuges der Truppen in Berlin, lautet:

„In dankbarer Anerkennung der rühmlichen und bisher unübertroffenen Leistungen Meiner Truppen in dem beendeten Feldzuge verleihe Ich denselben folgende Auszeichnungen an ihren Fahnen und Standarten:

1. 2c.;
2. denjenigen Truppentheilen, deren Fahnen bezw. Standarten im Feuer gewesen sind und das Eiserne Kreuz noch nicht führen, — das Kreuz in der Fahnen= bezw. Standartenspitze;
3. 2c."

Nachdem die Fahnen durch einen feierlichen Gottesdienst, bei welchem die mit dem Eisernen Kreuz dekorirten Fahnen am Altar aufgestellt waren, geweiht waren, wurden die geschmückten Ehrenzeichen, als sie das erste Mal vor ihren Truppen erschienen, mit Honneurs empfangen.

Durch A. K. O. vom 13. Juni 1872 wurde die Verlegung des II. Bataillons nach Neumünster befohlen. Eine so herzliche Aufnahme das Bataillon, welches am 1. Oktober 1872 in seiner neuen Garnison eintraf, dort fand, so vortrefflich sich das Verhältniß mit der Bürgerschaft der kleinen gewerbetüchtigen Fabrikstadt dauernd gestaltete, im Interesse der kameradschaftlichen und dienstlichen Verhältnisse wurde die Trennung in drei Garnisonen doch allzeit schmerzlich empfunden.

Das Jahr 1872 — größtentheils noch dem Retablissement gewidmet — brachte noch eine andere wesentliche Veränderung: am 14. August wurde das Regiment mit dem „aptirten Zündnadelgewehr" bewaffnet. Wir wußten zwar schon, daß diese Umgestaltung der Bewaffnung nur einen provisorischen Charakter haben konnte, immerhin erhöhte die Verbesserung der Verschlußeinrichtung die ballistische Leistung des Gewehrs sehr erheblich.

1*

Durch A. K. O. vom 11. Juni desselben Jahres wurde endlich Oberst v. Fallenhausen, der hochverehrte Führer des Regiments während des Feldzuges, unter Stellung à la suite desselben, zum Kommandanten von Straßburg, und gleichzeitig Oberst v. Voß, bisher Kommandant von Colberg, zum Kommandeur des Regiments ernannt.

Aus dem Jahre 1873 ist das Scheiden des kommandirenden Generals unseres Armeekorps, des Generals der Infanterie v. Manstein, zu erwähnen, der am 29. Juli in Genehmigung seines Abschiedsgesuches unter Belassung in seinem Verhältniß als Chef des Schleswigschen Infanterie-Regiments Nr. 84 und à la suite des 4. Brandenburgischen Infanterie-Regiments Nr. 24, sowie unter gleichzeitiger Verleihung des Schwarzen Adler-Ordens zur Disposition gestellt wurde.

„Es ist mir eine theure Pflicht," so schrieb der General in seinem letzten Korpsbefehl, „den Herren Generalen, Kommandeuren, dem Offizier- und Sanitätsoffizierkorps, wie den Beamten und Mannschaften innig zu danken für die Unterstützung, welche ich jederzeit in allen Branchen gefunden, durch welche wir, unter dem Beistand des Allmächtigen, im Kriege wie im Frieden die Allerhöchste Zufriedenheit unseres hochverehrten Kriegsherrn erworben haben. Aus vollster Seele wünsche ich das fortdauernde Wohl des Ganzen, wie jedes Einzelnen, und verbinde mit dem herzlichsten „Lebewohl" die Bitte, mir eine kameradschaftlich freundliche Erinnerung zu bewahren. Unser gemeinschaftliches Bindemittel sei und bleibe: Der Kaiser und König hoch!" Generallieutenant v. Tresckow, Generaladjutant und bisher Kommandeur der 19. Division, wurde mit der Führung des 9. Armeekorps beauftragt.

Bereits das Jahr 1874 brachte wieder einen Wechsel im Kommando des Regiments. Am 28. Mai wurde Oberst v. Voß unter Stellung à la suite des Regiments mit der Führung der 4. Infanterie-Brigade, Oberstlieutenant v. Spangenberg, bisher Bataillonskommandeur im 1. Rheinischen Infanterie-Regiment Nr. 25, mit der Führung des Regiments beauftragt.

Im nächsten Jahre vertauschten wir endlich das aptirte Zündnadelgewehr mit dem unter dem Namen des Mausergewehrs volksthümlich gewordenen Gewehr M/71, und hatte das Regiment die Ehre, mit seiner neuen Bewaffnung schon im gleichen Jahre vor Sr. Majestät zu stehen: das Kaisermanöver fand 1875 in Mecklenburg, die große Parade am 20. September auf der Roggentiner Feldmark statt.

Durch A. K. O. vom 12. Dezember 1876 wurde General der Infanterie z. D. Freiherr v. Wrangel, bisher Gouverneur von Posen, à la suite des Regiments gestellt. Die Beziehungen, welche zwischen dem hochverdienten Führer der 18. Division während des Feldzuges und dem Regiment herrschten, haben bereits in der Stern'schen Darstellung der „ersten 5 Jahre" des Regiments Erwähnung gefunden, es genügt wohl hier nur einzuschalten, daß Excellenz v. Wrangel das Regiment auch fernerhin allezeit mit dem regsten und wärmsten Wohlwollen durch alle seine Schicksale begleitet hat.

Am 10. Juli 1880 wurde Oberst v. Spangenberg zum General=
major und Kommandeur der 28. Infanterie=Brigade ernannt, während
Oberstlieutenant v. Doering, bisher im Infanterie=Regiment Nr. 23, unter
Stellung à la suite unseres Regiments mit der Führung desselben beauf=
tragt, und am 18. September unter Beförderung zum Obersten zum Kom=
mandeur ernannt wurde.

Aus Anlaß der Heeresvermehrung des Jahres 1881 gab das Regiment
am 1. April d. J. eine geschlossene (die 6.) Kompagnie unter Hauptmann
Engholm an das neuformirte Infanterie=Regiment Nr. 129 ab; gleich=
zeitig wurden Premierlieutenant Thiel an das Infanterie=Regiment Nr. 128,
Sekondlieutenant v. Buttlar als Premierlieutenant an das Infanterie=
Regiment Nr. 97, Sekondlieutenant Lacroix an das Infanterie=Regiment
Nr. 129 und endlich Sekondlieutenant Benda an das Infanterie=Regiment
Nr. 98 abgegeben.

Zum letzten Male standen wir in diesem Jahre unter den Augen
unseres theuren Heldenkaisers in Parade. Am 12. September fand auf
dem Lockstedter Felde die große Revue über das 9. Armeekorps statt, an
welche sich am 13., 15. und 16. das Manöver des Korps gegen einen
markirten Feind und die Feldmanöver der 17. und 18. Division gegen=
einander zwischen Itzehoe und Hanerau anschlossen. Nach Beendigung
des Manövers begaben Se. Majestät sich nach Kiel, wo das Regiment
die Ehre hatte, mit einer Kompagnie (der 9., Hauptmann v. Maunz)
des Füsilier=Bataillons die Ehrenwache im Schloß zu stellen. Am Abend
fand auf Bellevue ein großartiges Ballfest statt, welches Se. Majestät
von den Ständen der Provinz huldreichst anzunehmen geruht hatten, und
bei dem auch das gesammte Offizierkorps vollzählig vertreten war.

Nach dem Manöver bezog das I. Bataillon in Rendsburg die neue
stattliche Kaserne und gab endlich die noch aus dänischer Zeit herstammenden
Baraken auf.

Die Jahre 1882 bis 1884 gingen in stiller, emsiger Friedensarbeit
ohne wesentliche Vorkommnisse vorüber. Am 5. November 1885 entriß
ein jäher Tod dem Regiment seinen hochverehrten Kommandeur. Soeben
von Urlaub zurückgekehrt, in der Blüthe männlicher Kraft, starb Oberst
v. Doering plötzlich in Folge einer heftigen Erkältung. Eine Deputation
des Regiments begleitete den Sarg, in dem der Verblichene ruhte, nach
Berlin, wo derselbe auf dem Matthäi=Kirchhof beigesetzt wurde.

Eine A. K. O. vom 12. November beauftragte Oberstlieutenant
von der Wense, bisher im Infanterie=Regiment Nr. 34, mit der Führung
des erledigten Regiments, und am 3. Dezember wurde derselbe zum Oberst
und Kommandeur desselben ernannt.

Im Frühjahr 1887 gelangte das Infanteriegewehr M. 1871/84 zur
Verausgabung. Mit der Einführung dieser Magazinwaffe war unsere
Heeresverwaltung wieder, wie einst mit der Annahme des Dreyse'schen
Zündnadelgewehrs, der Waffentechnik aller Großstaaten vorausgeeilt. Die
Jahre 1887 und 1888 wurden, wie für das ganze Heer, so auch für
unser Regiment, zu hoch bedeutsamen. Eine große Reihe zum Theil seit
langem angebahnter organisatorischer und reglementarischer Veränderungen

gelangte in ihnen zum Abschluß; in das Jahr 1888 fielen dann aber auch die ernstesten und trübsten Ereignisse unserer neueren vaterländischen Geschichte: wir hatten in ihm das Dahinscheiden zweier Kaiser zu betrauern.

Zunächst brachte uns, im engen Zusammenhang mit der soeben erwähnten Neubewaffnung, der Februar 1887 eine neue Schießvorschrift, die besonders durch ihre Anordnung für das „Gefechtsmäßige Schießen" bedeutende Umwälzungen in dem gesammten Dienstbetriebe hervorrief. Dann folgte im Mai die neue „Felddienstordnung", welche im Wesentlichen das allen älteren Kameraden wohlbekannte sogenannte „grüne Buch" ersetzte und uns einen wahrhaft meisterhaften, von allem Schematismus freien Anhalt für den vielleicht wichtigsten Zweig unseres Dienstes gab.

Inzwischen war am 1. April (A. K. O. vom 22. März) eine weitere Vermehrung des Heeres eingetreten, und hatte das Regiment wie 1881 eine geschlossene Kompagnie (die 5.) abzugeben, welche unter Führung ihres bisherigen Chefs, Hauptmann v. Ludwiger, an das neugebildete Infanterie=Regiment Nr. 137 überging. Auch diesmal machte die Neuformation die Abgabe einer größeren Anzahl von Kameraden nothwendig: außer dem genannten Kompagniechef wurde Premierlieutenant v. Branconi als Hauptmann und Kompagniechef in das Regiment Nr. 94 und die Secondlieutenants v. Strauch und Hochbaum als Premierlieutenants in die Regimenter Nr. 137 bezw. Nr. 138 versetzt.

Im Sommer, bei Gelegenheit der Grundsteinlegung des Nord-Ostsee-Kanals, hatte das Füsilier=Bataillon und das gesammte Offizierkorps zum letzten Male das Glück, Seine Majestät Kaiser Wilhelm I. zu sehen, der dem großen nationalen, für die Heimathsprovinz unseres Regiments aber besonders bedeutsamen Werke durch seine Anwesenheit die höchste Weihe verlieh. Damals zeigte unser erhabener Kriegsherr noch seine volle, seltene Frische und Rüstigkeit, bewundernd blickten wir Alle zu der greisen Heldengestalt empor, und Keiner ahnte, wie bald er uns entrissen werden sollte.

Das Jahr 1888 begann mit umfangreichen Arbeiten für die neue Feldausrüstung, welche in den ganzen ökonomischen Betrieb eingriffen.

Obwohl die Neuanfertigungen größtentheils an Lieferanten vergeben wurden, waren doch auch die eigenen Werkstätten des Regiments mit Arbeiten, besonders Aptirungen, überhäuft, schon im Herbst desselben Jahres fand, wie vorgreifend bemerkt sein mag, die erste „Musterung" der Truppe mit der neuen, durchaus feldgemäßen, Ausrüstung statt.

Es kamen schwere Tage für jeden Deutschen, für jedes Soldatenherz zumal. Während der Erbe des Reiches, Kronprinz Friedrich Wilhelm, von tückischem Leiden befallen, im Süden vergeblich Genesung suchte, erkrankte Kaiser Wilhelm plötzlich, und am 9. März, während wir uns schon rüsteten, das Geburtstagsfest unseres geliebten Monarchen festlich zu begehen, mußten wir unsere Fahnen umfloren: Deutschland und Preußen hatten ihren Herrscher, die Armee hatte ihren höchsten Kriegsherren — sie hatte ihren Vater verloren!

Sterbenskrank kehrte Kaiser Friedrich III. heim, um Sein Erbe anzutreten. Nur kurze Zeit vermochte das Heer zu Ihm, dem Helden von Wörth, hoffnungsfreudig emporzublicken. Der Armee aber hat Er in der kurzen Zeit seiner Herrschaft dennoch ein wahrhaft großes Geschenk hinterlassen: auf seinen Befehl trat fast unmittelbar nach dem Antritt seiner Regierung eine Kommission zur Berathung eines neuen Infanterie= Reglements zusammen, dessen Vollendung zu sehen, dem Kaiser freilich nicht mehr beschieden war; schon am 15. Juni erlöste der Tod den edlen Dulder von seinem schweren Leiden.

Kaiser Wilhelm II. ergriff mit fester Hand die Zügel der Re= gierung.

Durch A. K. O. vom 2. August 1888 wurde unser vieljähriger, hochverehrter Korpskommandeur, General der Infanterie v. Trestow in Genehmigung seines Abschiedsgesuches zur Disposition gestellt, indem Seine Majestät, Kaiser Wilhelm II., denselben ausdrücklich „in dem Verhältniß als Mein Generaladjutant wie als Chef des 2. Magdeburgischen Infanterie= Regiments Nr. 27 beließ" und bestimmte, daß derselbe „in Anerkennung seiner besonderen Verdienste auch ferner in der Anciennetätsliste der Generalität fortgeführt werde." Gleichzeitig ernannte Seine Majestät den Generallieutenant v. Leszczynski, bisher Kommandeur der 11. Division, unter Beförderung zum General der Infanterie zum kommandirenden General des IX. Armeekorps.

Aus den Abschiedsworten des scheidenden Korpskommandeurs sei es gestattet, nachstehende Worte hier einzuflechten:

„Es ist mir vergönnt gewesen, während einer längeren Reihe von Jahren, ein Zeitraum, an welchen sich meine liebsten militärischen Er= innerungen knüpfen, dem Armeekorps anzugehören und, unterstützt durch die Pflichttreue und den freudigen Eifer aller Truppen, die kriegsgemäße Ausbildung derselben fördern zu können.

Durch gemeinsame Erlebnisse und durch die im Kriege gewonnene Waffenbrüderschaft werde ich mich für alle Zeit mit dem Armeekorps verbunden fühlen. Aber je aufrichtiger ich dies empfinde, umsomehr habe ich es jetzt für Pflicht gehalten, Seiner Majestät dem Kaiser die Bitte auszusprechen, das Kommando des Armeekorps einer jüngeren Kraft zu übertragen.

Beim Scheiden nehme ich die Ueberzeugung mit, daß der in allen Offizierkorps lebende ritterliche Geist und die im Kriege wie im Frieden bewährte Pflichttreue derselben, dem Armeekorps auch ferner die Erfolge sichern wird, nach welchen es bisher nie vergeblich gestrebt hat."

Am 1. September ward uns endlich das so heiß ersehnte neue „Exerzir=Reglement" zu Theil, und dankbar empfing die Armee diese klare, einfache Vorschrift.

Der letzte Monat des so ereignißreichen Jahres 1888 brachte dem Regiment noch einen Wechsel in der Person seines Kommandeurs: Oberst von der Wense wurde durch A. K. O. vom 13. Dezember in Genehmigung seines Abschiedsgesuches mit dem Charakter als Generalmajor zur Disposition geftellt, Oberftlieutenant Goldſchmidt, bisher im Regiment Nr. 34, mit der Führung beauftragt und am 15. deſſelben Monats zum Oberſt und Kommandeur ernannt.

Das Jahr 1889 begann für uns mit einem frohen Anzeichen. Am 27. Januar, als wir zum erſten Male den Geburtstag Kaiſer Wilhelms feſtlich begingen, ward eine Allerhöchſte Kabinets-Ordre dem Regiment, der zufolge es in Zukunft den Namen

„Infanterie-Regiment Herzog von Holftein (Holfteinfches) Nr. 85"

führen ſollte. Aehnliche Ordres waren an eine große Zahl von Regimentern erlaſſen; die dem Regiment zugegangene lautete:

> „Ich habe beſchloſſen, die hohen Verdienſte, welche ſich die Fürſten des Holſteinſchen Hauſes um das Vaterland und die Armee zu allen Zeiten erworben haben, dadurch zu ehren und dauernd lebendig zu erhalten, daß ich dem Holſteinſchen Infanterie-Regiment Nr. 85 den Namen „Infanterie-Regiment Herzog von Holſtein (Holſteinſches) Nr. 85" verleihe. Ich vertraue zu dem Regiment, welches ſich durch ſein Verhalten im Feldzuge von 1870/71 einen guten Namen in der Armee erkämpft hat, daß es ſich der Hingebung dieſer Fürſten, von denen mehrere die Treue zu Meinem Hauſe und Meiner Armee mit dem Heldentode beſiegelt haben, zum leuchtenden Vorbilde dienen laſſen und ſich ſtets zu gleichen Opfern willig finden wird.

Berlin, den 27. Januar 1889.

(gez.) Wilhelm R.

An das Holfteinſche Infanterie-Regiment Nr. 85.

(Herzöge von Holſtein ſiehe Anlage II.)

Im Frühjahr des Jahres wohnten Seine Majeſtät der Kaiſer und Ihre Majeſtät die Kaiſerin den Tauffeierlichkeiten des Prinzen Waldemar, des erſtgeborenen Sohnes Seiner Königlichen Hoheit des Prinzen Heinrich, in Kiel bei.

Bei dem Empfange der Majeſtäten war eine Ehrenkompagnie unſeres III. Bataillons unter Hauptmann Dallmer auf dem Bahnhofe anweſend. Das Bataillon hatte auch die Ehre, die Wache im Königlichen Schloß zu geben und wurden die Offiziere derſelben zur Kaiſerlichen Tafel befohlen.

Das Manöver führte uns in dieſem Jahre nach Lauenburg und Mecklenburg. In der herrlichen Gegend am Schaal-See wurden die Detachementsübungen abgehalten, während ſich das Manöver der Diviſion über Gadebuſch bis vor die Thore der alten Hanſeſtadt Wismar erſtreckte. Wie ſchon im Kaiſermanöver 1875 war die Aufnahme unſerer Leute in dieſem gaſtlichen Lande eine ausgezeichnete.

Im März 1890 wurde das Regiment mit dem neuen Gewehr M/88 ausgerüſtet, mit Eifer ging es an das Studium der neuen Waffe und fleißig wurde geſchoſſen. Das Jahr mahnte außerdem zu beſonderer

Thätigkeit, denn Seine Majestät der Kaiser wollte den Herbstübungen des IX. Armeekorps beiwohnen.

Nachdem die Detachementsübungen zwischen Hadersleben und Flensburg stattgefunden hatten, fand am 4. September bei Langberg, eine Meile westlich Flensburg, die große Parade des IX. Armeekorps vor Seiner Majestät statt. Auch die Kriegervereine der ganzen Provinz hatten mit fliegenden Fahnen Aufstellung genommen, und nicht endenwollender Jubel der begeisterten Zuschauer begrüßte den Kaiser und die geliebte Kaiserin.

Welche Wandlung seit 22 Jahren! Auf demselben Felde nahm Kaiser Wilhelm I. 1868 die erste Parade über die 18. Division ab. Ein kleiner Theil von uns weiß noch, wie theilnahmlos die Bevölkerung sich derzeit verhielt. Wie anders heute! Aus allen Gauen des Landes waren Schaulustige herbeigeströmt, um das geliebte Herrscherpaar zu sehen und ihm zuzujubeln, gewiß das beste Zeichen, daß die Bevölkerung der Provinz heute fest und treu zu Kaiser und Reich steht.

Auf dem historischen Boden des Sundewitt wurde darauf unter Theilnahme einer größeren Flotten-Abtheilung das außerordentlich lehrreiche Kaisermanöver abgehalten. Es war das erste Mal, daß Heer und Flotte gemeinsam operirten, ein Versuch, welcher glänzend gelang.

Auf der Höhe der stärksten und am meisten umstrittenen alten dänischen Schanze IV der Düppelstellung hielt Seine Majestät die Schlußkritik ab und sprach Seine Allerhöchste Zufriedenheit über die Leistungen des Armeekorps und der Flotte aus. Damit war das höchste Ziel erreicht, und die huldreichen, anerkennenden Worte des geliebten Kaisers lohnten reichlich für gehabte Mühe und ermunterten zu neuer Thätigkeit.

Zahlreiche Gnadenbeweise wurden dem Armeekorps zu Theil. Unser Regiment erhielt hier eine besondere Auszeichnung, indem Seine Majestät befahl, daß Seine Hoheit der Herzog Ernst Günther zu Schleswig-Holstein à la suite des Regiments zu führen sei.

Am 1. Oktober desselben Jahres gab bei der Neuformation des Infanterie-Regiments Nr. 145 das III. Bataillon seinen bisherigen Kommandeur, Major v. Blumenthal, an ersteres ab und erhielt Major Breithaupt das III. Bataillon.

Auch bei dem I. und II. Bataillon trat ein Wechsel in der Person der Kommandeure ein; so ward Major Hübner Kommandeur des I., bald darauf Major Reymann Kommandeur des II. Bataillons.

Am Ausgang des Jahres und zu Anfang des folgenden wurden demnächst auch alle höheren Kommandostellen neu besetzt. Generalmajor v. Loßberg, Kommandeur der 36. Infanterie-Brigade, Generallieutenant v. Scherff, Kommandeur der 18. Division, General der Infanterie v. Leszczynski, kommandirender General des IX. Armeekorps, erbaten ihren Abschied und traten an deren Stelle Generalmajor Harnickell, Generallieutenant Seyfried und General der Kavallerie Graf v. Waldersee.

Anfang April 1891 waren Seine Majestät in Kiel anwesend, um die „Carola" nach zweijähriger Reise in den heimathlichen Hafen einzuholen. Unser III. Bataillon hatte das Glück, wiederum vor Seiner Majestät in Parade stehen zu dürfen. Am 3. April war das Bataillon auf dem Platz vor der See-Bataillons-Kaserne befohlen und fand daselbst auf dem linken Flügel neben dem See-Bataillon Aufstellung. Die Parade kommandirte Kontreadmiral Mensing, Seine Königliche Hoheit Prinz Heinrich die 1. Matrosen-Division.

Nachdem Seine Majestät die Front abgeschritten, fand ein Vorbeimarsch in Kompagniefronten statt. Im Gefolge Seiner Majestät befand sich Seine Excellenz der General-Feldmarschall Graf v. Moltke, welcher sich eines der neuen Gewehre aus dem Bataillon zeigen und einige Ladegriffe vormachen ließ — gewiß eine schöne Erinnerung an den unvergeßlichen Kriegshelden. Ebendaselbst wurde der Feldmarschall à la suite des See-Bataillons gestellt.

Auch diesmal hatte das III. Bataillon die Ehre, ausschließlich die Schloßwache zu beziehen.

Bei der am 3. April in Gegenwart Seiner Majestät durch Seine Königliche Hoheit den Prinzen Heinrich vollzogene Taufe des Kreuzers „Falke" waren sämmtliche Offiziere des Bataillons und eine Deputation von 40 Mann zugegen.

Tags darauf besichtigte Seine Majestät den Bau des neuen Nord-Ostsee-Kanals. Bei der Ankunft des Kaisers in Rendsburg waren die Truppen an der Landungsbrücke als Spalier aufgestellt und hatte auf diese Weise auch das I. Bataillon das Glück, seinen Kaiser begrüßen zu können.

Mitte Mai b. J. wurde unserm verdienten Regimentskommandeur, dem Oberst Goldschmidt, der erbetene Abschied bewilligt und derselbe als Generalmajor zur Disposition gestellt. Oberstlieutenant v. Hanstein, bisher etatsmäßiger Stabsoffizier im Infanterie-Regiment Graf Barfuß (4. Westfälisches) Nr. 17, wurde unter Beförderung zum Oberst zum Kommandeur des Regiments ernannt.

Am 27. September dieses Jahres besteht das Regiment 25 Jahre. Eine an Mühen, aber auch an Ehren reiche Zeit liegt hinter uns. Streben wir weiter und lassen wir das große Ziel niemals aus dem Auge „allzeit parat zu sein", wenn Kaiser und Vaterland uns ruft. Und daß das Regiment Herzog von Holstein dann wiederum mit Ehren bestehen möge,

gebe Gott!

Rendsburg, den 1. Juli 1891.

Perſonal-Veränderungen

des Regiments vom 1. Januar 1870 bis zum 1. Juli 1891.

Rangliſte 1. Januar 1870.

1. **des Barres**, Oberſt und Regts. Kommandeur. A. K. O. v. 12. 4. 70 à la suite des Regts. geſtellt und zum Kommandanten von Saarlouis ernannt, 18. 8. 71 der Charakter als Generalmajor verliehen.

2. **Köppen**, Major. 26. 7. 70 zum Oberſtlieutenant befördert, 16. 3. 72 à la suite des Regts. geſtellt und zum Kommandanten von Cüſtrin ernannt, 22. 3. 73 zum Oberſt befördert, 18. 1. 78 der Charakter als Generalmajor verliehen.

3. **v. Beyer**, Major. 10. 2. 70 als Oberſtlieutenant der Abſchied bewilligt.

4. **Ziermann**, Major. 22. 3. 73 zum Oberſtlieutenant befördert, 22. 8. 74 à la suite des Regts. geſtellt und zum Kommandanten von Cüſtrin ernannt, 18. 1. 75 Charakter als Oberſt verliehen, 29. 4. 79 unter Belaſſung à la suite des Regts. und Verleihung eines Patents zum Kommandanten von Neiße ernannt, 1884 in Genehmigung ſeines Abſchiedsgeſuches als Generalmajor z. Disp. geſtellt.

5. **Wolff v. Gobbenthow**, Major. 18. 8. 70 gefallen.

6. **v. Studnitz**, Hauptmann. 10. 2. 70 als Major z. Disp. geſtellt und zum Bez. Kommandeur des I. Bats. 4. Rhein. Landw. Regts. Nr. 30 ernannt.

7. **v. Gerhardt**, Hauptmann. 10. 3. 70 z. Major und Adjutanten beim Generalkommando des X. Armeekorps ernannt, 1871 in das Inf. Regt. Nr. 57 verſetzt.

8. **Geißler**, Hauptmann. 6. 9. 70 zum Major befördert, 26. 2. 72 z. Disp. geſtellt und zum Kommandeur des Bez. Kommandos von Mühlhauſen ernannt.

9. **Frhr. v. Egloffſtein**, Hauptmann. 26. 2. 72 zum Major befördert, 23. 4. 73 Kommandeur des I. Bats., 1. 4. 77 Kommandeur des Füſ. Bats., 18. 4. 77 zum Oberſtlieutenant befördert, 17. 8. 82 mit der Führung des Regts. Nr. 52 beauftragt und à la suite deſſelben geſtellt.

10. **Johannes**, Hauptmann. 12. 12. 74 unter Beförderung zum überzähligen Major dem Regt. aggregirt, 13. 2. 75 in das Regt. Nr. 43 einrangirt.

11. **Bentendorff**, Hauptmann. 15. 7. 75 zum Major befördert, 1. 4. 77 zum Kommandeur des I. Bats. ernannt, 13. 9. 82 zum Oberſtlieutenant befördert, 12. 1. 84 zur Disp. geſtellt und zum Kommandeur des Bez. Kommandos 2/61 ernannt.

12. **v. Lotze**, Hauptmann. 14. 12. 75 unter Beförderung zum überzähligen Major dem Regt. aggregirt, 16. 8. 76 in das Inf. Regt. Nr. 48 einrangirt.

13. **v. Brizen-Montzel**, Hauptmann. (Geſt. 25. 8. 70 (Ruhr).

14. **Grach**, Hauptmann. 16. 8. 76 unter Beförderung zum überzähligen Major dem Regt. aggregirt, 22. 3. 77 in das Regt. wieder einrangirt, 1. 4. 81 zum Kommandeur des II. Bats. ernannt, 12. 1. 84 zum Oberſtlieutenant und etatsmäßigen Stabsoffizier ernannt, 8. 3. 87 der Abſchied bewilligt.

15. **Haaf,** Hauptmann. 16. 1. 77 unter Beförderung zum überzähligen Major dem Regt. aggregirt, 30. 4. 77 in das Regt. einrangirt, 12. 10. 78 in das Regt. Nr. 70 versetzt.

16. **v. Blessingh,** Hauptmann. 12. 10. 78 zum überzähligen Major befördert, 13. 7. 82 als Bats. Kommandeur in das Regt. Nr. 33 versetzt.

17. **Kurjava,** Hauptmann. Verwundet den 18. 8. 70, gestorben den 3. 11. 70.

18. **Fischer,** Premierlieutenant. 10. 3. 70 zum Hauptmann befördert, 11. 1. 71 gefallen.

19. **v. Beczwarzowsky,** Premierlieutenant. 6. 9. 70 zum Hauptmann befördert, 21. 12. 80 unter Beförderung zum überzähligen Major dem Regt. aggregirt, 22. 3. 71 einrangirt, 13. 7. 82 zum Kommandeur des III. Bats. ernannt, 15. 11. 87 als Oberstlieutenant und etatsmäßiger Stabsoffizier in das Regt. Nr. 84 versetzt.

20. **Brescius,** Premierlieutenant. 12. 10. 70 zum Hauptmann befördert, 11. 1. 71 gefallen.

21. **Semler,** Premierlieutenant. 12. 10. 70 zum Hauptmann befördert, 23. 1. 75 à la suite des Regts. gestellt, 25. 2. 75 zum Direktions-Assistenten bei der Gewehr- und Munitionsfabrik ernannt, 1880 in das Regt. Nr. 20 versetzt.

22. **v. Döhn,** Premierlieutenant. 12. 10. 70 zum Hauptmann befördert, 1. 2. 76 zu Wiesbaden gestorben.

23. **v. Derschau,** Premierlieutenant. 6. 12. 70 zum Hauptmann befördert, 17. 8. 82 unter Beförderung zum überzähligen Major in das Regt. Nr. 40 versetzt.

24. **Hoffmann,** Premierlieutenant. 7. 2. 71 zum Hauptmann befördert, 15. 11. 83 unter Beförderung zum überzähligen Major in das Regt. Nr. 49 versetzt.

25. **v. Maunz,** Premierlieutenant. 26. 2. 72 zum Hauptmann befördert, 15. 4. 84 unter Beförderung zum überzähligen Major dem Regt. aggregirt, 14. 3. 85 in die erste Hauptmannsstelle einrangirt, 11. 3. 86 als Bats. Kommandeur in das Regt. Nr. 3 versetzt.

26. **v. Scholten,** Premierlieutenant. 17. 9. 72 der Abschied bewilligt.

27. **Faust,** Premierlieutenant. 18. 8. 70 gefallen.

28. **Deetz,** Premierlieutenant. 11. 11. 70 gestorben (Typhus).

29. **Froelich,** Premierlieutenant. 22. 7. 71 zur Dienstleistung beim Kriegsministerium kommandirt, 9. 12. 71 dem Regt. aggregirt, 9. 6. 73 unter Belassung in seinem Kommando zum Hauptm. befördert (4. 2. 76 11. Komp.), 3. 4. 86 der Charakter als Major verliehen, 19. 8. 86 Patent erhalten, 5. 11. 87 als Bats. Kommandeur in das Regt. Nr. 41 versetzt.

30. **Halter,** Sekondlieutenant. 8. 3. 70 zum Premierlieutenant befördert, 14. 8. 75 zum Hauptmann befördert (4. Komp.), 8. 12. 85 z. Disp. gestellt und zum dritten Offizier beim Bez. Kommando Hamburg ernannt.

31. **Sandes v. Hoffmann,** Sekondlieutenant. 24. 3. 70 unter Beförderung zum Premierlieutenant in das Regt. Nr. 48 versetzt und als Adjutant zur 18. Inf. Brig. kommandirt, 14. 5. 90 bisher Bats. Kommandeur im Braunschw. Inf. Regt. Nr. 92 unter Beauftragung mit den Funktionen als etatsmäßiger Stabsoffizier in das Regt. zurückversetzt, 23. 5. 90 zum Oberstlieutenant befördert.

32. **Jarke,** Sekondlieutenant. 6. 9. 70 zum Premierlieutenant befördert, 9. 3. 72 als Adjutant zur 27. Inf. Brig. kommandirt, 12. 7. 73 in das Regt. Nr. 57 versetzt.

33. **Klinkerfuß,** Sekondlieutenant. 6. 9. 70 zum Premierlieutenant befördert, 16. 9. 73 mit Pension und Armee-Uniform Abschied bewilligt.

34. **Boelz,** Sekondlieutenant. 12. 10. 70 zum Premierlieutenant befördert, 21. 7. 76 zum Hauptmann befördert (7. Komp.), 14. 8. 85 der Abschied bewilligt.

35. **v. Devivere**, Sekondlieutenant. 12. 10. 70 zum Premierlieutenant befördert, 12. 10. 78 zum Hauptmann befördert (6. Komp.), 13. 10. 87 der Abschied als Major bewilligt.

36. **v. Rosenberg-Gruszczynsky**, Sekondlieutenant. 5. 10. 70 gestorben (Typhus).

37. **Frey**, Sekondlieutenant. 6. 12. 70 zum Premierlieutenant befördert, 28. 3. 74 abgegangen.

38. **v. Retz**, Sekondlieutenant. 2. 1. 71 zum Premierlieutenant befördert, 21. 2. 80 zum Hauptmann befördert (12. Komp.), 12. 6. 80 der Abschied bewilligt.

39. **Knatz**, Sekondlieutenant. 7. 2. 71 zum Premierlieutenant befördert, 21. 4. 72 als Halbinvalide ausgeschieden.

40. **Filter**, Sekondlieutenant. 12. 10. 72 zum Premierlieutenant befördert, 21. 2. 80 zum überzähligen Hauptmann befördert, 12. 6. 80 zum Kompagniechef (12. Komp.), 17. 4. 90 unter Beförderung zum überzähligen Major dem Regt. aggregirt, 20. 9. 90 einrangirt.

41. **v. Forckenbeck**, Sekondlieutenant. 10. 6. 73 zum Premierlieutenant befördert, 15. 9. 74 mit Pension der Abschied bewilligt.

42. **Olberg**, Sekondlieutenant. 16. 10. 73 zum Premierlieutenant befördert, 21. 12. 80 zum Hauptmann befördert (10. Komp., demnächst die 7. Komp.), 10. 9. 90 unter Beförderung zum überzähligen Major in das Regt. Nr. 69 versetzt.

43. **Sunkel**, Sekondlieutenant. 10. 2. 70 der Abschied bewilligt.

44. **Freitag**, Sekondlieutenant. 9. 6. 74 zum Premierlieutenant befördert, 14. 8. 75 der Abschied mit Pension und der Armee-Uniform bewilligt.

45. **Dahlmann**, Sekondlieutenant. 28. 3. 74 abgegangen.

46. **v. Schimonsky**, Sekondlieutenant. 14. 8. 75 der Abschied behufs Auswanderung bewilligt.

47. **v. Freyburg I.**, Sekondlieutenant. 14. 8. 75 zum Premierlieutenant befördert, 15. 11. 83 zum Hauptmann befördert (3. Komp.), 22. 3. 89 z. Disp. gestellt und zum Bezirksoffizier in Flensburg ernannt.

48. **Hollesen**, Sekondlieutenant. 12. 10. 72 mit Pension und der Regiments-Uniform der Abschied bewilligt.

49. **v. Freyburg II.**, Sekondlieutenant. 11. 1. 76 der Abschied mit dem Charakter als Premierlieutenant und der Regiments-Uniform bewilligt.

50. **Besete**, Sekondlieutenant. 15. 8. 72 ausgeschieden und zu den Reserveoffizieren des Regiments übergetreten.

51. **v. Siegroth**, Sekondlieutenant. 15. 10. 74 der Abschied mit Pension bewilligt.

52. **Schulze**, Sekondlieutenant. 16. 9. 73 der Abschied mit Pension und der Regiments-Uniform bewilligt.

53. **Lührsen**, Sekondlieutenant. 17. 10. 76 zum Premierlieutenant befördert, 1879 als Bureauchef zur Kriegsschule nach Erfurt kommandirt, 15. 4. 84 unter Belassung in seinem Kommando beim Regt. aggregirt, 20. 5. 84 Charakter als Hauptmann und à la suite des Regts. gestellt, 10. 6. 84 zum Platzmajor in Glatz, demnächst in Neiße und zur Zeit in Graudenz ernannt, à la suite des Regts.

54. **Giersberg I.**, Sekondlieutenant. 11. 12. 77 zum Premierlieutenant befördert, 20. 5. 84 à la suite des Regts. gestellt und als Adjutant zur 36. Inf. Brig. kommandirt, 14. 8. 85 einrangirt und zum Kompagniechef ernannt (7., demnächst 10. Komp.), 11. 12. 86 der Abschied mit Pension und der Regiments-Uniform bewilligt.

— 14 —

Zugang 1870.

55. Krüger, Major. 10. 2. 70 vom Regt. Nr. 57 in das Regt. versetzt, Septbr. 1870 zum Kommandeur des Füsilier=Bataillons ernannt, 22. 3. 77 zum Oberst und Kommandeur des Regts. Nr. 112 ernannt.

56. Schmidt, Sekondlieutenant. Bisher Portepeefähnrich, 10. 2. 70 zum Sekond= lieutenant, 25. 1. 76 abgegangen.

57. Frhr. v. Falkenhausen, Oberst und Regts. Kommandeur. Bisher Chef des Generalstabes X. Armeekorps, 12. 4. 70 zum Oberst und Regts. Kom= mandeur, 11. 2. 72 à la suite des Regts. gestellt und zum Kommandanten von Straßburg i. E. ernannt, 1872 zum Generalmajor befördert.

58. v. Lengerke, Hauptmann. Bisher im Regt. Nr. 27, 10. 3. 70 in das Regt. versetzt, 18. 8. 70 verwundet, 7. 9. 70 gestorben.

59. Schuster, Hauptmann. Bisher im Regt. Nr. 87, 30. 4. 70 in das Regt. à la suite desselben versetzt, demnächst einrangirt, am 18. 8. 70 gefallen.

60. Taufcher, Sekondlieutenant. Bisher im Regt. Nr. 64, 10. 3. 70 in das Regt. versetzt, 6. 9. 70 zum Premierlieutenant befördert, 11. 1. 76 zum Haupt= mann und Kompagniechef befördert (1. Komp.), 16. 9. 81 à la suite des Regts. gestellt und als Lehrer zur Kriegsschule Engers kommandirt, 1885 in das Regt. Nr. 117 versetzt.

61. Schoen, Sekondlieutenant. Bisher Portepeefähnrich, 6. 9. 70 zum Sekond= lieutenant befördert, am 13. 10. 72 gestorben.

62. Malte, Sekondlieutenant. Bisher Portepeefähnrich, 6. 9. 70 zum Sekond= lieutenant befördert, 12. 10. 78 zum Premierlieutenant befördert, 15. 1. 87 zum Hauptmann und Kompagniechef befördert (10. Komp.).

63. Reiche, Sekondlieutenant. Bisher Portepeefähnrich, 6. 9. 70 zum Sekond= lieutenant befördert, 14. 2. 78 der Abschied mit dem Charakter als Premier= lieutenant bewilligt.

64. v. Jeß, Sekondlieutenant. Bisher Portepeefähnrich, 6. 9. 70 zum Sekond= lieutenant befördert, 12. 12. 72 mit Pension und der Regimentsuniform der Abschied bewilligt.

Zugang 1871.

65. Giersberg II., Sekondlieutenant. Bisher Portepeefähnrich, 2. 1. 71 zum Sekondlieutenant befördert, 19. 3. 74 als temporär Ganzinvalide mit Pension ausgeschieden.

66. Springborn, Sekondlieutenant. Bisher Portepeefähnrich, 7. 2. 71 zum Sekond= lieutenant befördert, 21. 2. 80 zum Premierlieutenant befördert, 13. 10. 87 zum Hauptmann und Kompagniechef befördert (6. Komp.).

67. v. Placzner, Sekondlieutenant. Bisher Portepeefähnrich, 15. 4. 71 zum Sekondlieutenant befördert, 15. 8. 78 in das Regt. Nr. 63 versetzt.

68. v. Kamcke, Sekondlieutenant. Bisher Portepeeunteroffizier im Kadettenkorps, 8. 10. 71 als Sekondlieutenant überwiesen, 7. 2. 80 in das Kaiser Alexander Garde=Grenadier=Regt. Nr. 1 versetzt.

69. Stern, Sekondlieutenant. Bisher im Pionier=Bat. Nr. 9, Ende Januar 71 zum Regt. kommandirt, demnächst versetzt, 26. 2. 72 zum Premierlieutenant befördert, 2. 2. 78 in das Regt. Nr. 75 versetzt.

70. Lülsdorf, Premierlieutenant. 9. 12. 71 in das Regt. einrangirt, bisher aggregirt, 9. 6. 74 zum Hauptmann und Kompagniechef befördert (7. Komp.), 13. 6. 76 der Abschied mit Pension und Regimentsuniform bewilligt.

71. Thiel, Sekondlieutenant. Bisher Sekondlieutenant im Landwehr=Regt. Nr. 63, am 21. 9. 71 in das Regt. eingestellt, 2. 2. 78 zum Premierlieutenant be= fördert, 1. 4. 81 in das Regt. Nr. 128 versetzt.

Zugang 1872.

72. **Kwiatkowsky**, Sekondlieutenant. Bisher Portepeefähnrich, 9. 3. 72 zum Sekondlieutenant befördert, 16. 9. 73 ausgeschieden und zu den Reserveoffizieren des Regts. übergetreten.

73. **Bielenberg**, Sekondlieutenant. Bisher Portepeefähnrich, 9. 3. 72 zum Sekondlieutenant befördert, 16. 8. 76 mit Pension der Abschied bewilligt.

74. **v. Buttlar**, Sekondlieutenant. Bisher Portepeefähnrich, 9. 3. 72 zum Sekondlieutenant befördert, 1. 4. 81 unter Beförderung zum Premierlieutenant in das Regiment Nr. 97 versetzt.

75. **v. Boß**, Oberst. Bisher Kommandant von Colberg zum Regts. Kommandeur ernannt 11. 6. 72, 28. 5. 74 unter Stellung à la suite des Regts. mit der Führung der 4. Infanterie-Brigade beauftragt, 19. 9. 74 zum Generalmajor befördert.

76. **Frhr. v. Lindemann**, Major. Bisher im Anhaltschen Infanterie-Regt. Nr. 93 als Bats. Kommandeur, 16. 3. 72 in das Regt. versetzt (I. Bat.), 12. 4. 73 der Abschied mit Pension und Uniform des 93. Regts. bewilligt.

Zugang 1873.

77. **Schulz**, Major. Bisher Hauptmann im Regt. Nr. 64 unter Beförderung zum Major am 12. 4. 73 in das Regt. versetzt (5. Stabsoffizier), 7. 9. 74 zum Kommandeur des II. Bats. ernannt, 18. 9. 80 zum Oberstlieutenant befördert, 22. 3. 81 in das Regt. Nr. 128 versetzt.

78. **Kriebel**, Sekondlieutenant. Bisher im Regt. Nr. 51 und kommandirt als Adjutant zur 22. Infanterie-Brigade, am 12. 7. 73 in das Regt. versetzt, 1. 9. 73 zum Premierlieutenant befördert, 11. 12. 77 in das Regt. Nr. 5 versetzt.

79. **Lacroix**, Sekondlieutenant. Bisher Portepeefähnrich im Regt., am 15. 11. 73 zum Sekondlieutenant befördert, 1. 4. 81 in das Regt. Nr. 129 versetzt.

Zugang 1874.

80. **Fetter**, Premierlieutenant. Bisher im Regt. Nr. 35, 28. 3. 74 in das Regt. versetzt, 15. 9. 76 unter Stellung à la suite des Regts. Nr. 86 als Lehrer zur Kriegsschule nach Erfurt kommandirt, 16. 9. 81, bisher Hauptmann à la suite des Regts. Nr. 86, als Kompagniechef in das Regt. zurückversetzt, 2. 1. 84 in das Regt. Nr. 131 versetzt.

81. **Adler**, Sekondlieutenant. Bisher Portepeefähnrich, 12. 2. 74 zum Sekondlieutenant befördert, 21. 5. 74 der Abschied behufs Auswanderung bewilligt.

82. **Herrmann**, Sekondlieutenant. Bisher im Regt. Nr. 47, 28. 3. 74 in das Regt. versetzt, 15. 10. 74 zum Premierlieutenant befördert, 22. 6. 79 à la suite des Regts. gestellt und zum Adjutant bei dem Gouvernement Mainz ernannt, 16. 9. 81 unter Belassung in seinem Kommando zum überzähligen Hauptmann befördert, 1883 in das Regt. Nr. 57 versetzt.

83. **Egersdorff**, Sekondlieutenant. Bisher Portepeunteroffizier im Kadettenkorps, 23. 4. 74 als Sekondlieutenant dem Regt. überwiesen, 18. 4. 85 zum Premierlieutenant befördert, 24. 3. 90 zum Hauptmann und Kompagniechef befördert (9. Komp.).

84. **Eckert**, Sekondlieutenant. Bisher Sekondlieutenant der Reserve im Regt. Nr. 36, am 8. 5. 74 mit Patent, 22. 4. 74 in das Regt. versetzt, 15. 4. 84 zum Premierlieutenant befördert, 21. 9. 89 zum Hauptmann befördert und dem Regiment aggregirt, 22. 9. 89 mit Pension der Abschied bewilligt.

85. **v. Spangenberg**, Oberstlieutenant. Bisher im Regt. Nr. 25, am 18. 5. 74 mit der Führung des Regts. beauftragt, 9. 6. 74 zum Kommandeur ernannt, 19. 9. 74 zum Oberst befördert, 10. 7. 80 unter Beförderung zum Generalmajor zum Kommandeur der 28. Infanterie-Brigade ernannt.

86. **Zingler**, Major. Bisher im Regt. Nr. 76, in das Regt. 22. 8. 74 versetzt (5. Stabsoffizier), 15. 7. 75 als Bats. Kommandeur in das 3. Garde-Gren. Regt. Königin Elisabeth versetzt.

87. **von der Schulenburg**, Sekondlieutenant. Bisher im Regt. Nr. 52, 15. 10. 74 in das Regt. versetzt, 21. 7. 76 zum Premierlieutenant befördert, 12. 10. 78 der Abschied bewilligt.

88. **v. Wussow I.**, Sekondlieutenant. Bisher Portepeefähnrich, 15. 10. 74 zum Sekondlieutenant befördert, 21. 2. 84 in das Regt. Nr. 42 versetzt.

89. **v. Bismarck**, Hauptmann. Bisher im Jäger-Bat. Nr. 2, 12. 12. 74 in das Regt. versetzt (5. Komp.), 16. 9. 81 unter Beförderung zum überzähligen Major dem Regt. aggregirt, 11. 7. 82 einrangirt, 12. 1. 84 zum Kommandeur des I. Bats. ernannt, 21. 8. 88 unter Beförderung zum Oberstlieutenant und etatsmäßigen Stabsoffizier in das Regt. Nr. 45 versetzt.

Zugang 1875.

90. **v. Ludwiger**, Premierlieutenant. Bisher im Regt. Nr. 42, 14. 8. 75 in das Regt. versetzt, 16. 9. 81 zum Hauptmann und Kompagniechef befördert (5. Komp.), 22. 3. 87 in das Regt. Nr. 137 versetzt.

91. **Mittelbach**, Sekondlieutenant. Bisher im Jäger-Bat. Nr. 9, 14. 8. 75 in das Regt. versetzt, 11. 1. 76 zum Premierlieutenant befördert, 2. 1. 84 zum Hauptmann und Kompagniechef befördert (1. Komp.), 3. 8. 88 in das Regt. Nr. 88 versetzt.

92. **Deimling**, Sekondlieutenant. Bisher im Regt. Nr. 113, 21. 8. 75 in das Regt. versetzt, 15. 11. 83 zum Premierlieutenant befördert, 18. 4. 85 à la suite des Regts. gestellt, 1886 in das Regt. Nr. 97 versetzt.

93. **Huck**, Sekondlieutenant. Bisher Portepeefähnrich, 12. 10. 75 zum Sekond-lieutenant befördert, 16. 9. 85 zum Premierlieutenant befördert, 14. 5. 90 der Charakter als Hauptmann verliehen, 10. 9. 90 zum Kompagniechef be-fördert, Patent 18. 11. 90 (7., demnächst 11. Komp.).

94. **Bölckers**, Sekondlieutenant. Bisher Portepeefähnrich, am 12. 10. 75 zum Sekondlieutenant befördert, 22. 3. 86 zum Premierlieutenant befördert, 27. 1. 91 zum Hauptmann und Kompagniechef befördert (2. Komp.).

Zugang 1876.

95. **Hunaeus**, Sekondlieutenant. Bisher Portepeefähnrich, 12. 2. 76 zum Sekond-lieutenant befördert, 13. 11. 86 als Premierlieutenant in das Regt. Nr. 70 versetzt.

96. **v. Wussow II.**, Sekondlieutenant. Bisher Portepeeunteroffizier im Kadetten-korps, dem Regt. 15. 4. 76 als Sekondlieutenant überwiesen, 15. 1. 87 zum Premierlieutenant befördert, 15. 2. 90 in das Regt. Nr. 28 versetzt.

97. **v. Queiß**, Hauptmann. Bisher à la suite des Regts. Nr. 57, 16. 8. 76 als Kompagniechef in das Regt. versetzt (12. Komp.), 13. 2. 80 als Major in das Regt. Nr. 2 versetzt.

98. **Dahrenstedt**, Sekondlieutenant. Bisher im Regt. Nr. 56, 15. 11. 76 in das Regt. versetzt, 13. 11. 79 verabschiedet.

Zugang 1877.

99. **Engholm**, Hauptmann. Bisher im Regt. Nr. 66 als Kompagniechef, 16. 1. 77 in das Regt. versetzt (2. Komp.), 1. 4. 81 in das Regt. Nr. 129 versetzt.

100. **Matthei**, Sekondlieutenant. Bisher Portepeefähnrich, 10. 2. 77 zum Sekond-lieutenant befördert, 22. 3. 87 zum Premierlieutenant befördert.

101. **v. Strauch**, Sekondlieutenant. Bisher Portepeefähnrich, 13. 3. 77 zum Sekondlieutenant befördert, 22. 3. 87 als Premierlieutenant in das Regt. Nr. 137 versetzt.

102. **Hochbaum**, Sekondlieutenant. Bisher Portepeeunteroffizier im Kadettenkorps, am 14. 4. 77 als Sekondlieutenant dem Regt. überwiesen, 22. 3. 87 als Premierlieutenant in das Regt. Nr. 138 versetzt.

103. **Frielinghaus**, Sekondlieutenant. Bisher im Regt. Nr. 16, 11. 8. 77 in das Regt. versetzt, 3. 1. 80 verabschiedet.

104. **Benda**, Sekondlieutenant. Bisher Portepeefähnrich, 13. 10. 77 zum Sekond-lieutenant befördert, 1. 4. 81 in das Regt. Nr. 98 versetzt.

Zugang 1878.

105. **v. Pannewitz**, Sekondlieutenant. Bisher im Regt. Nr. 22, am 7. 5. 78 in das Regt. versetzt, 17. 6. 79 zum Premierlieutenant befördert, 22. 3. 87 zum Hauptmann und Kompagniechef befördert (5. Komp.).

106. **v. Branconi**, Premierlieutenant. Bisher im Jäger-Bat. Nr. 10, 12. 10. 78 in das Regt. versetzt, 22. 3. 87 unter Beförderung zum Hauptmann und Kompagniechef in das Regt. Nr. 94 versetzt.

107. **Rommallein**, Sekondlieutenant. Bisher Portepeefähnrich, 12. 10. 78 zum Sekondlieutenant befördert, 24. 9. 81 in das Feld-Artillerie-Regt. Nr. 9 versetzt.

108. **Schröder**, Sekondlieutenant. Bisher Portepeefähnrich, 12. 10. 78 zum Sekond-lieutenant befördert, 15. 11. 87 zum Premierlieutenant befördert.

109. **v. Dewitz**, Sekondlieutenant. Bisher Portepeefähnrich, 12. 11. 78 zum Sekond-lieutenant befördert, 1881 behufs Auswanderung der Abschied bewilligt.

110. **v. Langen**, Sekondlieutenant. Bisher Portepeefähnrich, 14. 12. 78 zum Sekondlieutenant befördert, 13. 12. 87 zum Premierlieutenant befördert.

Zugang 1879.

111. **Ziehlschmann**, Sekondlieutenant. Bisher Portepeefähnrich, 16. 10. 79 zum Sekondlieutenant befördert, 14. 4. 85 à la suite des Regts. gestellt, 1886 in das Regt. Nr. 113 versetzt.

112. **Hammerschmidt**, Sekondlieutenant. Bisher im See-Bat., 13. 12. 79 in das Regt. versetzt, 21. 4. 83 unter Beförderung zum Premierlieutenant in das Regt. Nr. 12 versetzt.

Zugang 1880.

113. **Herwarth v. Bittenfeld**, Sekondlieutenant. Bisher im 1. Garde-Grenadier-Regt. Kaiser Alexander, 7. 2. 80 in das Regt. versetzt, 1. 4. 81 zum Premier-lieutenant befördert, 19. 9. 88 zum Hauptmann und Kompagniechef be-fördert (1. Komp.).

114. **v. Groß**, Sekondlieutenant. Bisher im Regt. Nr. 86, 21. 2. 80 in das Regt. versetzt, 12. 6. 80 zum Premierlieutenant befördert, 15. 11. 87 zum Haupt-mann und Kompagniechef befördert (11. Komp.), 19. 4. 90 in das Regt. Nr. 97 versetzt.

115. **v. Doering**, Oberstlieutenant. Bisher im Regt. Nr. 23, am 10. 7. 80 à la suite des Regts. gestellt und mit der Führung desselben beauftragt, 18. 9. 80 zum Oberst und Kommandeur ernannt, 5. 11. 85 am Herzschlage zu Rends-burg gestorben.

116. **Brünig**, Sekondlieutenant. Bisher Portepeeunteroffizier im Kadettenkorps, am 17. 4. 80 als Sekondlieutenant dem Regt. überwiesen, 16. 8. 89 zum Premierlieutenant befördert, 9. 1. 90 behufs Verwendung im Intendantur-dienst ausgeschieden und zu den Reserveoffizieren des Regts. übergetreten.

117. **v. Jensen-Tusch**, Sekondlieutenant. Bisher im Regt. Nr. 78, am 1. 5. 80 in das Regt. versetzt, 12. 1. 84 zum Premierlieutenant befördert, 16. 7. 87 der Abschied bewilligt.

118. **Hagedorn**, Sekondlieutenant. Bisher Portepeefähnrich, 14. 10. 80 zum Sekondlieutenant befördert, 13. 11. 83 zu den Reserveoffizieren des Regts. übergetreten.

119. **v. Lützow**, Sekondlieutenant. Bisher im Regt. Nr. 89, 16. 11. 80 in das Regt. versetzt, 1885 abgegangen.

120. **Hedicke**, Premierlieutenant. Bisher im Regt. Nr. 86, 21. 12. 80 in das Regt. versetzt, 22. 3. 81 zum Hauptmann und Kompagniechef befördert (2. Komp.), 27. 1. 91 unter Beförderung zum überzähligen Major dem Regt. aggregirt.

Zugang 1881.

121. **Floerke**, Premierlieutenant. Bisher im Regt. Nr. 90, 1. 4. 81 in das Regt. versetzt, 22. 4. 86 als Hauptmann und Kompagniechef in das See-Bat. versetzt.

122. **v. Zobeltitz**, Sekondlieutenant. Bisher im Eisenbahn-Regt., 1. 4. 81 in das Regt. versetzt, 16. 9. 81 zum Premierlieutenant befördert, 19. 9. 88 zum überzähligen Hauptmann befördert, à la suite des Regts. gestellt und als Lehrer zur Kriegsschule nach Potsdam kommandirt, 22. 3. 91 der Abschied bewilligt.

Zugang 1882.

123. **Hertell**, Major. Bisher im Regt. Nr. 4. 17. 8. 82 in das Regt. versetzt, 12. 1. 84 zum Kommandeur des II. Bats. ernannt, 22. 3. 88 als Oberstlieutenant und etatsmäßiger Stabsoffizier in das Regt. Nr. 41 versetzt.

124. **v. Haeseler**, Major. Bisher im Regt. Nr. 84, am 23. 7. 82 unter Beförderung zum überzähligen Major dem Regt. aggregirt, 12. 1. 84 in die erste Hauptmannsstelle einrangirt, 14. 3. 85 als Bataillonskommandeur in das Regt. Nr. 42 versetzt.

125. **v. Knoblauch**, Sekondlieutenant. Bisher im Jäger-Bat. Nr. 3, 4. 3. 82 in das Regt. versetzt, 22. 3. 87 zum Premierlieutenant befördert.

126. **Jerschke**, Sekondlieutenant. Bisher Portepeeunteroffizier im Kadettenkorps, am 15. 4. 82 beim Regt. überwiesen, 27. 1. 91 zum Premierlieutenant befördert.

127. **Lorenz**, Hauptmann. Bisher im Regt. Nr. 71, am 17. 8. 82 in das Regt. als Hauptmann und Kompagniechef versetzt (8. Komp.), 21. 7. 89 mit Pension der Abschied bewilligt.

128. **Pfahl**, Sekondlieutenant. Bisher Portepeefähnrich, am 13. 9. 62 zum Sekondlieutenant befördert, 17. 10. 85 in das Regt. Nr. 30 versetzt.

Zugang 1883.

129. **v. Karger**, Sekondlieutenant. Bisher in der Reserve des Regts. Nr. 66, mit Patent vom 1. 9. 80 in dem Regt. am 3. 4. 83 angestellt, 13. 12. 83 zur Reserve des Regts. übergetreten.

130. **Frhr. v. Rheinbaben**, Sekondlieutenant. Bisher im 3. Garde-Regt. zu Fuß, 26. 4. 83 in das Regt. versetzt, 16. 8. 87 zum Premierlieutenant befördert.

131. **v. Broen**, Sekondlieutenant. Bisher Portepeefähnrich, 11. 9. 83 zum Sekondlieutenant befördert, 12. 11. 85 zur Reserve des Regts. übergetreten.

Zugang 1884.

132. **Muffet**, Sekondlieutenant. Bisher Portepeefähnrich, 12. 2. 84 zum Sekondlieutenant befördert, 22. 3. 88 abgegangen.

133. **Moore**, Sekondlieutenant. Bisher im Regt. Nr. 115, 26. 2. 84 in das Regt. versetzt, 24. 3. 90 zum Premierlieutenant befördert, 16. 5. 91 zu der Reserve des Regts. übergetreten.

134. **v. Holstein**, Hauptmann. Bisher im Generalstabe der 17. Division, 15. 4. 84 in das Regt. als Kompagniechef versetzt (9. Komp.), 16. 9. 85 in den General-stab der Armee zurückversetzt.

135. **Dallmer**, Premierlieutenant. Bisher im Regt. Nr. 48, am 20. 5. 84 in das Regt. versetzt, 14. 8. 84 zum überzähligen Hauptmann befördert, 16. 9. 85 zum Kompagniechef ernannt (9. Komp.), 24. 3. 90 in das Regt. Nr. 49 versetzt.

136. **v. Harbou**, Sekondlieutenant. Bisher Portepeefähnrich, 13. 9. 84 zum Sekond-lieutenant befördert.

137. **Hagen**, Sekondlieutenant. Bisher Portepeefähnrich, 13. 9. 84 zum Sekond-lieutenant befördert.

138. **v. Glorden**, Sekondlieutenant. Bisher Portepeefähnrich, 13. 9. 84 zum Se-kondlieutenant befördert, 15. 3. 90 in das Inf. Regt. Nr. 15 versetzt.

139. **Voigt**, Sekondlieutenant. Bisher Portepeefähnrich, 14. 10. 84 zum Sekond-lieutenant befördert.

Zugang 1885.

140. **Graf v. Schlieben**, Sekondlieutenant. Bisher im 3. Garde-Regt. z. F., 24. 2. 85 in das Regt. versetzt, 19. 9. 86 à la suite des Regts. gestellt, 17. 9. 87 wieder einrangirt, 2. 3. 89 in das Jäger-Bat. Nr. 1 versetzt.

141. **Friese**, Major. Bisher Hauptmann im Kadettenkorps, am 24. 3. 85 unter Beförderung zum überzähl. Major dem Regt. aggregirt, 1. 3. 86 in die erste Hauptmannsstelle einrangirt, 3. 4. 86 à la suite des Regts. gestellt und zum Vorstande des Festungsgefängnisses Cöln ernannt, 18. 11. 90 der Cha-rakter als Oberstlieutenant verliehen, 12. 3. 91 der Abschied bewilligt.

142. **de l'Homme de Courbière**, Sekondlieutenant. Bisher im Regt. Nr. 93, 4. 7. 85 in das Regt. versetzt, 13. 10. 87 zum Train-Bat. Nr. 2 versetzt.

143. **Blümer**, Sekondlieutenant. Bisher Portepeefähnrich, 16. 9. 85 zum Sekond-lieutenant befördert.

144. **von der Wense**, Oberstlieutenant. Bisher etatsm. Stabsoffizier im Regt. Nr. 34, unter Stellung à la suite des Regts. am 12. 11. 85 mit der Füh-rung des Regts beauftragt, 3. 12. 84 zum Oberst und Kommandeur des Regts. befördert, 13. 12. 88 mit dem Charakter als Generalmajor z. Disp. gestellt.

145. **v. Westrell**, Sekondlieutenant. Bisher im Regt. Nr. 77, 24. 11. 85 in das Regt. versetzt, 16. 8. 87 der Abschied behufs Auswanderung bewilligt.

146. **Breithaupt**, Hauptmann. Bisher im Generalstabe der 14. Division, 8. 12. 85 als Kompagniechef (4. Komp.) in das Regt. versetzt, 22. 5. 89 der Charakter als Major verliehen, 16. 8. 89 zum überzähl. Major befördert, 20. 9. 90 zum Bataillonskommandeur (III. Bat.) ernannt vom 1. 10. 90 ab.

Zugang 1886.

147. **Frhr. v. Pöllnitz**, Sekondlieutenant. Bisher im 3. Garde-Regt. z. F., 12. 1. 86 in das Regt. versetzt, 1. 4. 89 unter Beförderung zum Premierlieutenant in das II. Seebataillon versetzt.

148. **v. Besser**, Hauptmann. Bisher im Regt. Nr. 33, 3. 4. 86 als Kompagnie-chef (11. Komp.) in das Regt. versetzt, 15. 11. 87 zum überzähl. Major be-fördert, 22. 5. 89 zum Kommandeur des II. Bats. ernannt, 14. 2. 91 der Abschied bewilligt.

149. **Wille**, Sekondlieutenant. Bisher im Regt. Nr. 87, 24. 6. 86 in das Regt. versetzt, 10. 9. 90 zum Premierlieutenant befördert.

150. **Heusinger von Waldegg**, Sekondlieutenant. Bisher Portepeefähnrich, 18. 9. 86 zum Sekondlieutenant befördert.

2*

Zugang 1887.

151. **v. Bloedau,** Oberstlieutenant. Bisher Major im Regt. Nr. 71, unter Beförderung zum Oberstlieutenant 8. 3. 87 in das Regt. versetzt, 22. 3. 89 mit Pension z. Disp. gestellt und gleichzeitig als Brigadier der VIII. Gend. Brig. angestellt.

152. **Spalding,** Sekondlieutenant. Bisher im Regt. Nr. 19, am 22. 3. 87 in das Regt. versetzt.

153. **Richter,** Sekondlieutenant. Bisher im Regt. Nr. 21, am 22. 3. 87 in das Regt. versetzt.

154. **v. Bojan,** Sekondlieutenant. Bisher Portepee-Unteroffizier im Kadettenkorps, am 22. 3. 87 als Sekondlieutenant dem Regt. überwiesen.

155. **Kremski,** Sekondlieutenant. Bisher im Regt. Nr. 23, am 22. 3. 87 in das Regt. versetzt, 14. 5. 90 zum Premierlieutenant befördert.

156. **Büsing,** Sekondlieutenant. Bisher Portepeefähnrich, 17. 9. 87 zum Sekondlieutenant befördert.

157. **Girschner,** Sekondlieutenant. Bisher Portepeefähnrich, 17. 9. 87 zum Sekondlieutenant befördert, 16. 1. 89 der Abschied behufs Auswanderung bewilligt.

158. **Roffak,** Sekondlieutenant. Bisher Portepeefähnrich, 17. 9. 87 zum Sekondlieutenant befördert.

159. **v. Flottwell,** Sekondlieutenant. Bisher im Regt. Nr. 47, 13. 10. 87 in das Regt. versetzt, 22. 3. 91 zum Premierlieutenant befördert (Patent 16. 5. 91).

160. **v. Blumenthal,** Major. Bisher im Regt. Nr. 39 als Bats. Kommandeur, am 16. 11. 87 in das Regt. versetzt (III. Bat.), 20. 9. 90 mit dem 1. 10. 90 in das Regt. Nr. 145 versetzt.

161. **Müller,** Sekondlieutenant. Bisher in der 2. Ing. Insp., am 13. 12. 87 in das Regt. versetzt, 19. 9. 88 zum Premierlieutenant befördert.

Zugang 1888.

162. **Wernicke,** Sekondlieutenant. Bisher Portepeefähnrich, am 17. 1. 88 zum Sekondlieutenant befördert.

163. **v. Mueller,** Sekondlieutenant. Bisher Portepeefähnrich, am 17. 1. 88 zum Sekondlieutenant befördert.

164. **v. Puttkamer I.,** Sekondlieutenant. Bisher Portepeefähnrich, am 14. 2. 88 zum Sekondlieutenant befördert.

165. **Winter,** Major. Bisher im Regt. Nr. 92, am 22. 3. 88 als Bats. Kommandeur in das Regt. versetzt (II. Bat.), 22. 5. 89 mit Pension z. Disp. gestellt und zum Kommandeur des Landw. Bats. Bezirks Schwerin ernannt.

166. **v. Zech,** Major. Bisher im Regt. Nr. 31, am 2. 8. 88 als Bats. Kommandeur in das Regt. versetzt (I. Bat.), 16. 8. 89 dem Regt. aggregirt, 21. 9. 89 mit Pension z. Disp. gestellt.

167. **Rudeloff,** Sekondlieutenant. Bisher Portepeefähnrich, 19. 9. 88 zum Sekondlieutenant befördert.

168. **Schwierz,** Sekondlieutenant. Bisher Portepeefähnrich, 19. 9. 88 zum Sekondlieutenant befördert.

169. **Goldschmidt,** Oberstlieutenant. Bisher etatsm. Stabsoffizier im Regt. Nr. 34, am 13. 12. 88 unter Stellung à la suite des Regts. mit der Führung desselben beauftr. 15. 12. 88 zum Obersten und Kommandeur des Regts. ernannt, 16. 5. 91 mit dem Charakter als Generalmajor z. Disp. gestellt.

Zugang 1889.

170. **Granier,** Hauptmann. Bisher im Regt. Nr. 5 und Militärlehrer am Kadetten= korps zu Plön, am 22 3. 89 als Hauptmann und Kompagniechef in das Regt. versetzt (3. Komp.), 22. 3. 91 unter Stellung z. Disp. zum Bezirks= Offizier beim Landw. Bezirk Kiel ernannt.

171. **Ripke,** Hauptmann. Bisher Platzmajor in Glatz, am 21. 7. 89 als Hauptm. und Kompagniechef in das Regt. versetzt (8. Komp.), 22. 3. 91 unter Stell. z. Disp. zum Bezirks=Offizier beim Landw. Bezirk Hamburg ernannt.

172. **Neymann,** Major. Bisher im Regt. Nr. 63, am 16 8. 89 als Bats. Kom= mandeur (I. Bat.) in das Regt. versetzt, 10. 9. 90 dem Regt. aggregirt, 14. 2. 91 als Bats. Kommandeur (II. Bat.) wiedereinrangirt.

173. **Bernhard,** Hauptmann. Bisher im Regt. Nr. 75, am 22. 5. 89 als Haupt= mann und Kompagniechef (4. Komp.) in das Regt. versetzt.

174. **v. Nerée,** Oberstlieutenant. Bisher Major und Bats. Kommandeur im Regt. Nr. 13, unter Beförderung zum Oberstlieutenant und etatsm. Stabsoffizier am 22. 3. 89 in das Regt. versetzt, 14. 5. 90 mit Pension der Abschied bewilligt.

175. **Heydenreich,** Sekondlieutenant. Bisher in Sächsischen Diensten, am 22. 3. 89 als Sekondlieutenant im Regt. angestellt, 30. 3. 90 mit Pension der Ab= schied bewilligt.

176. **Liebe,** Premierlieutenant. Bisher im Regt. Nr. 9, am 22. 3. 89 in das Regt. versetzt.

177. **v. Puttkamer II.,** Sekondlieutenant. Bisher Portepeefähnrich, 21. 9. 89 zum Sekondlieutenant befördert.

178. **Heyborn,** Sekondlieutenant. Bisher Portepeefähnrich, 21. 9. 89 zum Sekond= lieutenant befördert.

Zugang 1890.

179. **Rostock,** Premierlieutenant. Bisher Sekondlieutenant im Regt. Nr. 84, unter Beförderung zum Premierlieutenant 9. 1. 90 in das Regt. versetzt.

180. **Goetze,** Sekondlieutenant. Bisher Portepeefähnrich, 16. 1. 90 zum Sekond= lieutenant befördert.

181. **Stentzler,** Premierlieutenant. Bisher im Regt. Nr. 135, am 15. 2. 90 in das Regt. versetzt, 1. 4. 90 zum Großen Generalstabe kommandirt, 27. 1. 91 zum überzähl. Hauptmann befördert, 22. 8. 91 zum Kompagniechef ernannt (8. Komp.), 1. 4. 91 von s. K. entbunden.

182. **Hübner,** Major. Bisher aggreg. überzähl. Major im Regt. Nr. 128, in gleicher Eigenschaft am 1. 3. 90 in das Regt. versetzt, 10. 9. 90 in das Regt. einrangirt und zum Kommandeur I. Bats. ernannt.

183. **Hahn,** Sekondlieutenant. Bisher Portepee=Unteroffizier im Kadettenkorps, am 24. 3. 90 als Sekondlieutenant dem Regt. überwiesen.

184. **v. La Chevallerie,** Hauptmann. Bisher Hauptmann und Kompagniechef im Regt. Nr. 5, am 17. 4. 90 als Kompagniechef (12. Komp.) in das Regt. versetzt, 10. 9. 90 dem Regt. aggregirt, 15. 10. 90 in Zahlen gest.

185. **Rothe,** Hauptmann. Bisher im Regt. Nr. 82 als Hauptmann u. Kompagnie= chef, am 19. 4. 90 in das Regt. versetzt (11. Komp.), 16. 5. 91 der Abschied bewilligt.

186. **v. Bergmann,** Hauptmann. Bisher Premierlieutenant im Regt. Nr. 45, am 14. 5. 90 als Hauptmann dem Regt. aggregirt, 10. 9. 90 einrangirt und zum Kompagniechef ernannt (12. Komp.).

187. **Lehmann,** Sekondlieutenant. Bisher Portepeefähnrich, 20. 9. 90 zum Sekond= lieutenant befördert.

188. **Seyfert**, Sekondlieutenant. Bisher Portepeefähnrich, am 15. 12. 90 zum Sekondlieutenant befördert.

Zugang 1891.

189. **Dittlinger**, Hauptmann. Bisher im Großen Generalstab, am 22. 3. 91 als Kompagniechef in das Regt. versetzt (3. Komp.).

190. **Reimer**, Hauptmann. Bisher Premierlieutenant im Regt. Nr. 33, unter Beförderung zum Hauptmann und Kompagniechef 16. 5. 91 in das Regt. versetzt (7. Komp.).

191. **v. Roos**, Premierlieutenant. Bisher im Regt. Nr. 50, am 16. 5. 91 in das Regt. versetzt.

192. **v. Hanstein**, Oberst. Bisher Oberstlieutenant im Regt. Nr. 17, am 16. 5. 91 unter Beförderung zum Oberst zum Kommandeur des Regts. ernannt.

Außerdem sind nur à la suite des Regiments geführt.

Rangliste 1. Januar 1870.

1. **Ritschmann**, Hauptmann. Kommandirt zur Dienstleistung beim Kriegsministerium, 1872 als Kompagniechef in das Regt. Nr. 39 versetzt.

Zugang 1876.

2. **Frhr. v. Wrangel**, General der Infanterie. Mittelst A. K. O. vom 12. 12. 76 à la suite des Regts. gestellt.

Zugang 1880.

3. **v. Uslar**, Premierlieutenant. Bisher im Regt. Nr. 84, am 13. 3. 80 à la suite des Regts. gestellt und als Adjutant zur 14. Infanterie-Brigade kommandirt, 23. 3. 80 unter Belassung in seinem Kommando zum überzähligen Hauptmann befördert, 11. 12. 80 als Kompagniechef in das Regt Nr. 52 versetzt.

Zugang 1884.

4. **Ackermann**, Hauptmann. Bisher im Regt. Nr. 118 und Adjutant der 30. Infanterie-Brigade, 23. 9. 84 unter Beförderung zum Hauptmann und Belassung in seinem Kommando à la suite des Regts. gestellt, 15. 10. 85 als Kompagniechef in das Regt. Nr. 30 versetzt.

Zugang 1888.

5. **Coler**, Premierlieutenant. Bisher im Regt. Nr. 54, 15. 10. 88 à la suite des Regts. gestellt und als Militärlehrer zur Haupt-Kadettenanstalt kommandirt, 18. 12. 89 unter Belassung in seinem Kommando zum Hauptmann befördert, 22. 3. 91 zum Kadettenkorps à la suite desselben versetzt.

6. **Faber**, Premierlieutenant. Bisher im Regt. Nr. 72, 15. 10. 88 unter Stellung à la suite des Regts. als Adjutant zur 23. Infanterie-Brigade kommandirt, 13. 12. 88 unter Belassung in seinem Kommando zum überzähligen Hauptmann befördert, 24. 3. 90 als Kompagniechef in das Regt. von Winterfeldt versetzt.

Zugang 1889.

7. **Rosch**, Hauptmann. Bisher im Regt. Nr. 132, am 22. 3. 89 unter Beförderung zum überzähligen Hauptmann dem Regt. aggregirt, und zum Nebenetat des Generalstabes kommandirt, demnächst à la suite des Regts. gestellt.

8. v. **Kleift**, Hauptmann. Bisher im Regt. Nr. 3, unter Beförderung zum über= zähligen Hauptmann und Stellung à la suite des Regts. am 22. 5. 89 in das Regt. versetzt und zum Adjutanten der 5. Infanterie=Brigade kommandirt, 24. 3. 90 als Kompagniechef in das Regt. Nr. 78 versetzt.

Zugang 1890.

9. **Ernst Günther Herzog zu Schleswig=Holstein**, Hoheit, Premierlieutenant. Premierlieutenant im Leib=Garde=Husaren=Regt., am 10. 9. 90 à la suite des Regts. gestellt, 30. 5. 91 unter Beförderung zum Hauptmann, Belassung als kommandirt zum Großen Generalstabe und in dem Verhältniß à la suite des Regts. als aggregirt zum Generalstabe der Armee versetzt.

Aerzte.

Rangliste 1. Januar 1870.

10. Dr. **Siemon**, Regts. Arzt, Ober=Stabsarzt. 21. 5. 74 unter Beförderung zum Ober=Stabsarzt 1. Kl. als Regts. Arzt zum Regt. Nr. 21 versetzt.

11. Dr. **Zimmer**, Stabsarzt (II. B.). 18. 6. 72 zum Infanterie=Regt. Nr. 80 versetzt.

12. Dr. **Böhme**, Stabsarzt (F. B.). 20. 11. 79 unter Beförderung zum Ober=Stabs= arzt 2. Kl. und Regts. Arzt in das Infanterie=Regt. Nr. 14 versetzt.

13. Dr. **Schröder**, Assistenzarzt 1. Kl. 19. 5. 70 zum Train=Bat. Nr. 2 versetzt, 26. 2. 84 vom Dragoner=Regt. Nr. 18 als Ober=Stabsarzt 2. Kl. und Regts. Arzt zurückversetzt, 30. 4. 90 zum Ober=Stabsarzt 1. Kl. befördert.

14. Dr. **Schulz**, Assistenzarzt 2. Kl. (F. B.). 21. 1. 70 in das Regt. Nr. 87 versetzt.

Zugang 1870.

15. Dr. **Glogin**, Assistenzarzt 2. Kl. (I. B.). 17. 7. 70 in das Regt. versetzt, 18. 6. 72 in das Regt. Nr. 111 versetzt.

Zugang 1872.

16. **Fritzschen**, Assistenzarzt 2. Kl. (I. B.). Bisher Unterarzt, 30. 7. 72 zum Assistenzarzt 2. Kl. befördert, 21. 5. 74 in das 2. Garde=Gren. Regt. Kaiser Franz versetzt.

17. Dr. **Preuß**, Stabsarzt (II. B.). Bisher im 3. Garde=Ulanen=Regt., 30. 11. 72 in das Regt. versetzt, 26. 10. 73 in das Regt. Nr. 33 versetzt.

Zugang 1873.

18. Dr. **Dittmer**, Stabsarzt (II. B.). Bisher im Regt. Nr. 34, 15. 11. 73 in das Regt. versetzt, 24. 6. 76 in das Regt. Nr. 76 versetzt.

Zugang 1874.

19. Dr. **Dittmar**, Assistenzarzt 2. Kl. (I. B.). Bisher im Regt. Nr. 44, 30. 6. 74 in das Regt. versetzt, 24. 12. 75 zum Assistenzarzt 1. Kl. befördert, 24. 7. 77 ausgeschieden.

20. Dr. **Carstenn**, Ober=Stabsarzt 2. Kl. Bisher im Regt. Nr. 44, unter Be= förderung zum Oberstabs= und Regimentsarzt 20. 8. 74 in das Regt. ver= setzt, 24. 1. 84 zu Rendsburg gestorben.

Zugang 1876.

21. Dr. **Schulte**, Stabsarzt (II. B.). Bisher im Drag. Regt. Nr. 23, 24. 10. 76 in das Regt. versetzt, 28. 12. 89 unter Beförderung zum Oberstabs= und Regimentsarzt in das Regt. Nr. 62 versetzt.

Zugang 1877.

22. **Stadthagen**, Assistenzarzt 2. Kl. (I. B.). Bisher Unterarzt, 11. 7. 77. zum Assistenzarzt 2. Kl. befördert, 24. 9. 78 in das Regt. Nr. 111 versetzt.

Zugang 1879.

23. **Prahl**, Stabsarzt (F. B.). Bisher im Regt. Nr. 84, 1879 in das Regt. versetzt, 10. 7. 88 als Oberstabs= und Regimentsarzt in das Regt. Nr. 34 versetzt.

Zugang 1880.

24. Dr. **Kirchner**, Assistenzarzt 2. Kl. (I. B.). Bisher Unterarzt, 27. 4. 80 zum Assistenzarzt 2. Kl. befördert, 14. 10. 82 zum Assistenzarzt 1. Kl. befördert, 26. 2. 84 in die etatsmäßige Stelle bei dem Generalkommando IX. Armee= korps versetzt.

Zugang 1884.

25. Dr. **Ostmann**, Assistenzarzt 2. Kl. (I. B.). Bisher Unterarzt, 22. 9. 84 zum Assistenzarzt 2. Kl. befördert, 28. 9. 86 in das Regt. Nr. 31 versetzt.

Zugang 1886.

26. Dr. **Müller**, Assistenzarzt 1. Kl. (I. B.). Bisher in der Marine, 28. 9. 86 in das Regt. versetzt, 1. 4. 87 als Stabsarzt in das Regt. Nr. 137 versetzt, 28. 12. 89 als Bataillonsarzt in das Regt. zurückversetzt (II. B.).

Zugang 1888.

27. Dr. **Lorenz**, Assistenzarzt 2. Kl. (I. B.). 24. 9. 88 in das Regt. versetzt, 27. 11. 90 unter Beförderung zum Assistenzarzt 1. Kl. in das 2. Garde= Feld=Art. Regt. versetzt.

28. Dr. **Fischer**, Stabsarzt (III. B.). Bisher in der Marine, 10. 7. 88 in das Regt. versetzt, 30. 6. 89 der Abschied bewilligt.

Zugang 1889.

29. Dr. **Fritz**, Stabsarzt (III. B.). Bisher in der Marine, 30. 6. 89 in das Regt. versetzt.

30. Dr. **Drenkhahn**, Assistenzarzt 2. Kl. (I. B.). Bisher Unterarzt, 21. 8. 89 zum Assistenzarzt 2. Kl. befördert, 28. 12. 89 in das Regt. Nr. 76 versetzt.

Zugang 1890.

31. **Metzner**, Assistenzarzt 2. Kl. (I. B.). Als Assistenzarzt 2. Kl. 27. 12. 90 in das Regiment versetzt.

Zahlmeister.

Rangliste 1. Januar 1870.

32. **Keil**, Zahlmeister (II. B.). 22. 6. 70 zum Train-Bat. Nr. 9 versetzt.

33. **Hoffmann**, Zahlmeister (I., demnächst F. B.). 1875 in den Ruhestand getreten.

34. **Wirth**, Zahlmeister (F. B.). 10. 11. 71 in das Regt. Nr. 84 versetzt.

Zugang 1870.

35. **Gaulmer**, Zahlmeister (II. B.). Bisher im Ulanen-Regt. Nr. 11, 22. 6. 70 in das Regt. versetzt, 3. 3. 77 in das Train-Bat. Nr. 9 versetzt.

Zugang 1872.

36. **Damm**, Zahlmeister (I. B.). 20. 8. 72 vom Regt. Nr. 71 in das Regt. versetzt, 11. 2. 87 auf seinen Antrag in den Ruhestand getreten, demnächst der Charakter als Rechnungsrath verliehen.

Zugang 1876.

37. **Nicolai**, Zahlmeister (F. B.). Bisher im Regt. Nr. 31, am 2. 6. 76 in das Regt. versetzt, 28. 11. 83 auf seinen Antrag mit Pension in den Ruhestand getreten.

Zugang 1877.

38. **Begemann**, Zahlmeister (II. B.). Bisher im Regt. Nr. 90, am 3. 3. 77 in das Regt. versetzt, 11. 3. 78 zum Intendantur-Sekr. ernannt.

Zugang 1878.

39. **Saabe**, Zahlmeister (II. B.). Am 28. 9. 78 in das Regt. versetzt, 21. 8. 87 in das Regt. Nr. 75 versetzt.

Zugang 1883.

40. **Kühn**, Zahlmeister (F. B.). Bisher im Regt. Nr. 86, am 28. 11. 83 in das Regt. versetzt, 7. 11. 84 in das Regt. Nr. 84 versetzt.

Zugang 1884.

41. **Lorenz**, Zahlmeister (III. B.). Bisher im Regt. Nr. 84, 7. 11. 84 in das Regt. versetzt, 15. 1. 90 in das Feld-Art. Regt. Nr. 9 versetzt.

Zugang 1887.

42. **Bütow**, Zahlmeister (I. B.). Bisher im Feld-Art. Regt. Nr. 9, am 4. 6. 87 in das Regt. versetzt, 5. 5. 91 in das Feld-Art. Regt. Nr. 24 versetzt.

43. **Marx**, Zahlmeister (II. B.). Bisher im Regt. Nr. 76, am 6. 12. 87 in das Regt. versetzt.

Zugang 1890.

44. **Busse**, Zahlmeister (III. B.). Bisher im Regt. Nr. 76, am 21. 10. 90 in das Regt. versetzt.

Zugang 1891.

45. **Saß**, Zahlmeister (I. B.). Bisher im Regt. Nr. 84, am 5. 5. 91 in das Regt. versetzt.

Rang-Liste

am 1. Juli 1891.

Stab u. I. Bat. Rendsburg, II. Neumünster, III. Kiel.

Com.: Oberst v. Hanstein

Ob. Lt. Sandes von Hoffmann	el.
Major Reymann	II
= Hübner	I
= Breithaupt	III
= Filter	
= Hedicke	aggr.

Hptm. Bernhard	4	Pr. Lt. Jerschke		
= Malte	10	= v. Flottwell		
= v. Pannewitz	5	Sel. Lt. v. Harbou, c. b. b. Unteroffiz. Sch.		
= Dittlinger	3			Potsdam
= Springborn	6	= Hagen		Adj. I
= Herwarth von Bittenfeld	1	= Voigt		
= Egersdorff	9	= Blümner		
= von Bergmann	12	= Spalding		
= Hued	11	= Heusinger von Waldegg		
= Bölders	2	= Richter		
= Stenzler	8	= v. Bojan		
= Reimer	7	= Büsing		
Pr. Lt. v. Knoblauch		= Kossak		Adj. II
= Matthei, c. b. b. 19. Inf. Brig.		= Wernicke		
= Frhr. v. Rheinbaben		= v. Mueller		Adj. III
= Schröder		= v. Puttkamer 1ste		
= v. Langen, c. b. Bez. Com. Altona		= Rubeloff		
= Tiebe, c. z. Kr. Akad.		= Schwierz		
= Müller	R. Adj.	= v. Puttkamer 2te		
= v. Roos		= Heyborn		
= Rostock		= Goetze, c. b. Feld-Art. Regt. Nr. 4.		
= Kremski, c. b. b. Unteroffiz. Sch.		= Hahn		
	Marienwerder	= Lehmann		
= Wille, c. b. Bez. Com. Kiel		= Seifert		

à la suite:

Gen. b. Inf. Frhr. v. Wrangel

Hptm. Lührsen, Platzmajor v. Graudenz

= Kosch, im Neben-Etat des gr. Gen. Etabes

= Ernst Günther Herzog zu Schleswig-Holstein Hoheit, aggregirt b. Gen. Stabe b. Armee.

Aerzte:

R. Arzt, Ob. St. Arzt 1. Kl. Dr. Schröder	
B. Arzt, St. Arzt Dr. Fritz	III
= = = Dr. Müller	II
Assist. Arzt 2. Kl. Meixner	I

Zahlmeister:

Zahlmstr. Satz	I
= Marx	II
= Busse	III

Abgeschlossen den 1. Juli 1891.

Kurze Aufzeichnung

der militärischen Laufbahn der Herzöge von Holstein, welche der Kurbrandenburgischen und Preußischen Armee angehört haben, und welche
in letzterer zur Zeit noch dienen.

———

Um die deutsche Bevölkerung der Lande zwischen Elbe und Eider
von der Gewaltherrschaft der angrenzenden Dänen und Slaven zu befreien
und um diesem bedrängten Lande eine deutsche Zukunft zu retten, wurde
im Jahre 1110 Adolf I. von Schauenburg von dem Herzoge Lothar
von Sachsen, dem späteren deutschen Kaiser, zum Grafen von Holstein
ernannt und mit weitgehenden Privilegien ausgerüstet.

Die Schauenburger, deren Geschlecht aus den Wesergegenden stammt,
waren als Kriegshelden hochberühmt. Sie haben das Wendenland erobert,
Holstein von den Dänen befreit (1227), Schleswig erworben (1386), vor-
übergehend beherrschte Gerhard der Große ganz Dänemark. Der
Mannesstamm dieses Geschlechts erlosch mit Adolf VIII. im Jahre 1459,
während der älteste Sohn seiner Schwester Hedwig, welche mit Dietrich
von Oldenburg vermählt war, als Christian I. 1448 den Thron von
Dänemark bestieg und am 3. März 1460 auch zum Herzog von Schleswig und Grafen von Holstein erwählt wurde.

Unter der Regierung dieses Königs wurden darauf auch die Graf-
schaften Holstein und Stormarn vom Kaiser Friedrich III. 1474 zu
einem Herzogthume „Holstein" erhoben.

Seit dem Jahre 1616 konnte Schleswig-Holstein in staatsrechtlicher
Hinsicht als ein in zwei regierenden und mehreren abgetheilten Linien
nach dem Rechte der Erstgeburt vererbendes Land angesehen werden. Am
2. Mai 1658 wurde den Herzogthümern von der Krone Dänemark die
Souveränetät feierlichst zugesichert, die Herzogthümer indessen am 18. November 1863 wieder inkorporirt, um 1864 vollends und definitiv verloren zu gehen.

Die verschiedenen Linien des Hauses Holstein, von denen Mitglieder
in Kurbrandenburgischen und Preußischen Diensten gestanden haben, sind
nachfolgende:

König Christian I. zweiter Sohn Friedrich, nachmaliger König
von Dänemark (1523 bis 1533), hatte vier Söhne, Christian, Johann
(der Aeltere), Adolf und Friedrich.

Chriſtian (III.) folgt ſeinem Vater in der Regierung, Johann und Friedrich blieben unvermählt, während Adolf 1544 regierender Herr von Schleswig-Holſtein wurde und das Gottorpiſche Haus gründete, das heute in ſeinem älteren Zweige auf dem Thron von Rußland, in ſeinem jüngeren auf dem Oldenburgs regiert. (Tabelle VI.)

Chriſtian III. hatte wiederum 3 Söhne.

1. Friedrich, Königliche Linie, erloſch 1863 im Mannesſtamme mit Friedrich VII.
2. Magnus ſtarb 1583 ohne Erben.
3. Johann (der Jüngere).

Johann iſt der Stifter des Holſtein-Sonderburgiſchen Hauſes, theilt indeſſen ſein Land unter ſeine Söhne (I., II., III.).

I. Alexander erhält Sonderburg, kauft außerdem zwei Ritterbeſitze bei Herford und vereinigt ſie unter den Namen „Beck". Bei ſeinem Tode theilt er ſeinen Beſitz unter ſeine Söhne. Von dieſen Linien ſtarben einige aus, zwei blieben erhalten.

Ernſt Günther wird der Stifter der Auguſtenburgiſchen Linie (Tabelle II.),

Auguſt Philipp der der Beckſchen Linie. (Tabelle III.) (Jetzt Schleswig-Holſtein-Sonderburg-Glücksburg.)

Johann des Jüngeren ſiebenter Sohn

II. Philipp erhält Glücksburg und wird der Stifter dieſer älteren Glücksburger Linie (Tabelle IV.), während Johanns zehnter Sohn

III. Joachim Ernſt Herzog von Holſtein-Plön wird und auch im Jahre 1679 die Holſteinſche Beſitzung Norburg erhält. (Tabelle V.) Dieſe Linie ſtirbt mit Karl Friedrich 1761 aus.

Nach den mir zugänglichen Quellen:

„1. Geſchichte des Grenadier-Regiments Friedrich Wilhelm I. von Becker. (Friedrich Ludwig — Friedrich Wilhelm II. — Friedrich Carl Ludwig, Herzöge von Holſtein-Beck.)
2. Ein Vortrag des früheren Herrn Regimentskommandeurs, Generalmajor z. D. Goldſchmidt, über Georg Ludwig. Derſelbe beruht auf dem Studium des Aktenmaterials des Königl. Staatsarchivs, welches demſelben im Auftrage Sr. Königl. Hoheit des Großherzogs von Oldenburg im Jahre 1865 von der Verwaltung zur Diſpoſition geſtellt wurde.
3. Aufzeichnungen Sr. Durchlaucht des Prinzen Julius von Schleswig-Holſtein-Glücksburg.
4. Daten und Stammtafeln aus dem Kriegsarchiv, aufgeſtellt von dem Oberſtlientenant v. Leszczynski vom Nebenetat des großen Generalſtabes."

ſind es nachfolgende Fürſten des Holſteinſchen Hauſes, welche ſich hohe Verdienſte um das Vaterland und die Armee erworben haben.

Die Herzöge von Schleswig-Holstein-Sonderburg-Augustenburg.

Tabelle II.

1. **Christian** Karl Friedrich August, Herzog zu Schleswig-Holstein-Sonderburg-Augustenburg, Hoheit, geb. am 19. 7. 1798, gest. am 11. 3. 1869 auf Primkenau.

Vater: Friedrich Christian II., geb. am 28. 9. 1765, gest. am 14. 6. 1814, vermählt am 27. 5. 1786 mit

Mutter: Luise Auguste, Tochter des Königs Christian VII. von Dänemark, geb. am 7. 7. 1771, gest. am 13. 1. 1843.

Herzog Christian folgt seinem Vater als Herzog unter mütterlicher Vormundschaft am 14. 6. 1814 und übernimmt am 19. 7. 1816 die Güter, die er am 30. 12. 1852 gegen Entschädigung an den Staat abtreten mußte.

Der Herzog wurde am 27. 5. 1856 zum Generallieutenant à la suite der Preußischen Armee und am 18. 10. 1861 zum General der Kavallerie befördert.

Am 27. 9. 1866 wurde dem Herzog der Abschied bewilligt.

Vermählt am 18. 9. 1820 mit Luise Sophie, Tochter des Grafen Christian Konrad von Daneskiold-Samsoe, geb. am 22. 9. 1796, gest. am 11. 3. 1867.

Kinder. Männliche Nachkommenschaft:

1. **Alexander.**
2. **Friedrich.** (Siehe unter 2.)
3. **Christian.** (Siehe unter 3.)

2. **Friedrich** Christian August, Herzog zu Schleswig-Holstein-Sonderburg-Augustenburg, Hoheit, geb. am 6. 7. 1829, gest. am 14. 1. 1880.

Herzog Friedrich trat am 28. 1. 1854 aus Dänischen Diensten in Preußische als Premierlieutenant à la suite des 1. Garde-Regiments zu Fuß über und wurde am 4. 9. 1855 zum Hauptmann befördert.

Am 18. 2. 1860 wurde dem Herzog der Charakter als Major verliehen und am 14. 8. 1865 der Abschied bewilligt.

Herzog Friedrich nimmt am 15. 11. 1863 nach dem Tode König Friedrich VII. von Dänemark den Namen „Friedrich VIII., Herzog von Schleswig-Holstein" an.

Vermählt am 11. 9. 1856 mit Adelheid, Tochter des Fürsten Ernst von Hohenlohe-Langenburg, geb. 20. 7. 1835.

Kinder:
1. **Auguste Victoria**, geb. am 22. 10. 1858 zu Dolzig, vermählt zu Berlin am 27. 2. 1882 mit Wilhelm, Prinzen von Preußen, jetzigem Deutschen Kaiser und König von Preußen, Wilhelm II.
2. **Karoline Mathilde**, geb. am 20. 1. 1860 zu Dolzig, vermählt zu Primkenau am 19. 3. 1885 mit Friedrich Ferdinand, Prinzen, jetzigem Herzog von Schleswig-Holstein-Sonderburg-Glücksburg.
3. **Gerhard**, geb. am 20. 1. 1862, gest. am 11. 4. 1862.
4. **Ernst Günther.** (Siehe unter 4.)
5. **Luise Sophie**, geb. zu Kiel am 8. 4. 1866, vermählt zu Berlin am 24. 6. 1889 mit Friedrich Leopold, Prinzen von Preußen.
6. **Feodora**, geb. zu Primkenau am 3. 7. 1874.

3. Friedrich **Christian** Karl August, Prinz zu Schleswig-Holstein-Sonderburg Augustenburg, Königliche Hoheit, geb. 22. 1. 1831 zu Schloß Augustenburg, Bruder des Vorstehenden.

Prinz Christian trat am 28. 1. 1854 aus Dänischen in Preußische Dienste als Sekondlieutenant à la suite des 1. Kürassier-Regiments. (Patent 19. 3. 1849.)

Am 4. 9. 1855 zum Premierlieutenant und am 18. 9. 1858 zum Rittmeister befördert, wurde derselbe am 22. 5. 1860 als Eskadronführer zum kombinirten Garde-Ulanen-Regiment kommandirt und am 1. 7. 1860 als Eskadronchef in das 3. Garde-Ulanen-Regiment versetzt. Am 30. 6. 1864 wurde Prinz Christian als Ordonnanzoffizier zum Generalkommando des kombinirten Armeekorps in Schleswig kommandirt, am 10. 12. 1864 von diesem Kommando entbunden, à la suite des Regiments gestellt und ihm am 16. 11. 1865 unter Verleihung des Charakters als Major der erbetene Abschied bewilligt.

Durch Dekret der Königin von Großbritannien und Irland im Jahre 1868 „Königliche Hoheit", wurde der Prinz seit dem 2. 6. 1880 als Königlich Großbritannischer General in der Preußischen Armee bei den Offizieren à la suite der Armee als charakterisirter General der Kavallerie geführt und am 25. 2. 1881 à la suite des 3. Garde-Ulanen-Regiments gestellt. Prinz Christian ist im Besitz des Schwarzen Adler-Ordens mit der Kette.

· Vermählt zu Windsor Castle am 5. 6. 1866 mit Helene, Königl. Prinzeß von Großbritannien und Irland, Herzogin von Sachsen, geb. am 25. 5. 1846.

Kinder. Männliche Nachkommenschaft:
1. **Christian Victor**, geb. zu Windsor Castle am 14. 4. 1867.
2. **Albert**, geb. am 26. 2. 1869. (Siehe unter 5.)

4. Ernst Günther, Herzog zu Schleswig-Holstein-Sonderburg-Augustenburg, Herzog zu Schleswig-Holstein. Stormarn und der Dithmarschen wie auch zu Olbenburg, Hoheit, wurde am 11. August 1863 zu Dolzig geboren.

Herzog Ernst Günther erhielt seine Erziehung zunächst im elterlichen Hause durch Privatlehrer, demnächst auf dem Vitzthumschen Gymnasium zu Dresden.

Noch nicht 17 Jahre alt, wurde der Herzog am 2. 6. 1880 als Sekondlieutenant à la suite des 2. Schlesischen Dragoner-Regiments Nr. 8 gestellt und demselben unterm 10. 3. 1881 der Rothe Adler-Orden 1. Klasse verliehen. Nachdem Herzog Ernst Günther am 6. 6. 1882 zum 3. Garde-Ulanen-Regiment versetzt worden war, wurde Se. Hoheit am 26. 5. 1887 unter Beförderung zum Premierlieutenant à la suite des Garde-Husaren-Regiments gestellt und am 19. 9. 1888 nach Beendigung einer größeren Reise nach Indien in das Regiment einrangirt.

Durch Allerhöchste Kabinets-Ordre vom 18. 8. 1890 wurde darauf Herzog Ernst Günther vom 1. 10. 1890 ab zur Dienstleistung bei dem großen Generalstabe kommandirt. Am Schluß des in der Provinz Schleswig-Holstein vor Sr. Majestät dem Kaiser abgehaltenen Manövers wurde unserem Regiment am 10. 9. 1890 die Auszeichnung zu Theil, Se. Hoheit à la suite des Regiments führen zu dürfen. Durch Allerhöchste Kabinets-Ordre vom 30. 5. 1891 ist Herzog Ernst Günther unter Beförderung zum Hauptmann, Belassung als kommandirt zum großen Generalstabe und in dem Verhältniß à la suite des Infanterie-Regiments Herzog von Holstein (Holsteinsches) Nr. 85, als aggregirt zum Generalstabe der Armee versetzt worden.

5. Albert Johann Carl Friedrich Alfred Georg, Prinz zu Schleswig-Holstein, Durchlaucht, wurde am 26. 2. 1869 zu Frogmore-House, Windsor, geboren.

Prinz Albert erhielt seine Erziehung im elterlichen Hause, demnächst von 1879 bis 1888 auf der Englischen Schule in Charterhouse.

Der Prinz wurde am 14. 3. 1889 als Sekondlieutenant à la suite des 1. Großherzoglich Hessischen Dragoner-Regiments (Garde-Dragoner-Regiment) Nr. 23 gestellt, am 8. 5. 1890 in das Regiment einrangirt, und demselben auch in diesem Jahre der Rothe Adler-Orden 1. Klasse verliehen.

6. Georg Erich, Prinz zu Schleswig-Holstein-Sonderburg-Augustenburg, Durchlaucht, geb. am 14. 3. 1805, gest. am 18. 7. 1849.

Vater: Friedrich **Karl** Emil, geb. 8. 3. 1767, gest. am 14. 6. 1841.

Mutter: (29. 9. 1801.) **Sophie,** Tochter des Dänischen Staatsministers Jürgen Erich Baron v. Scheel, geb. am 26. 12. 1778, gest. am 18. 11. 1836.

Prinz Erich trat als Sekondlieutenant am 30. 1. 1823 bei dem 1. Schlesischen Dragoner-Regiment Nr. 4 ein, wurde am 28. 12. 1824 dem Magdeburgischen Kürassier-Regiment Nr. 7 aggregirt und am 8. 3. 1834 zum Premierlieutenant befördert. Seit 23. 4. 1835 dem Westfälischen Kürassier-Regiment Nr. 4 als Rittmeister aggregirt, wurde dem Prinzen am 26. 6. 1846 mit Pension der Abschied bewilligt.

7. Heinrich Karl **Woldemar**, Bruder des Vorstehenden, Prinz zu Schleswig-Holstein-Sonderburg-Augustenburg, Durchlaucht, geb. am 13. 10. 1810 zu Leipzig, gest. am 20. 1. 1871 zu Mainz.

Prinz Woldemar wurde am 6. 5. 1828 als Sekondlieutenant dem Magdeburgischen Kürassier-Regiment Nr. 7 aggregirt, am 13. 8. 1837 zum Premierlieutenant und am 14. 12. 1839 zum Rittmeister befördert.

Seit dem 18. 1. 1839 Ritter des St. Johanniter-Ordens, wurde demselben unterm 12. 8. 1843 gestattet, das Großkreuz des Dänischen Danebrog-Ordens und am 7. 1. 1844 den Dänischen Elephanten-Orden zu tragen und die Ernennung zum Danebrog-Mann anzunehmen.

Am 28. 12. 1843 dem Regiment der Gardes du Corps aggregirt und am 30. 3. 1844 in dies Regiment einrangirt, wurde der Prinz am 13. 4. 1844 Chef der 4. Kompagnie und Führer der 2. Eskadron, darauf am 22. 3. 1845 Major mit Beibehalt der Eskadron, am 19. 4. 1846 Chef der 8. Kompagnie und Führer der 4. Eskadron, und am 11. 5. 1848 endlich Chef der 5. Kompagnie und Führer der 3. Eskadron.

Seit dem 28. 11. 1850 Kommandant von Cüstrin, wurde derselbe am 17. 7. 1851 in gleicher Eigenschaft nach Neiße versetzt, am 23. 3. 1852 zum Oberstlieutenant und am 13. 7. 1854 zum Oberst befördert.

Nachdem der Prinz am 19. 2. 1857 zum Kommandanten von Magdeburg ernannt worden war, erfolgte am 22. 5. 1858 seine Beförderung zum Generalmajor und in demselben Jahre noch, am 3. Juni, seine Ernennung zum Kommandanten von Coblenz und Ehrenbreitstein.

Seit dem 20. 9. 1861 Generallieutenant und Generaladjutant des Königs, wurde Prinz Woldemar am 13. 3. 1862 zum Oberbefehlshaber der Bundestruppen in Frankfurt a. M. und am 17. 10. 1864 zum Vizegouverneur der Bundesfestung Mainz ernannt.

Während des Krieges 1866 (15. 6.) Gouverneur von Coblenz und Ehrenbreitstein, trat der Prinz nach Beendigung desselben am 23. 8. 1866 in die Stellung als Gouverneur von Mainz und wurde am 20. 9. 1866 zum General der Kavallerie befördert.

Die Herzöge von Schleswig-Holstein-Sonderburg-Glücksburg.

Jüngere, Beck'sche Linie.

Tabelle III.

1. **August,** Herzog zu Holstein-Beck, geb. 1652, gest. am 26. 9. 1689.

Vater: August Philipp, vierter Sohn des Herzogs Alexander von Schleswig-Holstein-Sonderburg, geb. am 11. 11. 1612, gest. 1675.

Mutter (dritte Gemahlin): 12. 4. 1651. Marie Sybille, Tochter des Grafen Wilhelm Ludwig von Nassau-Saarbrücken, gest. am 9. 4. 1699.

Herzog August folgte seinem Vater im Jahre 1675 als regierender Fürst.

Am 18. 8. 1685 wurde der Herzog zum Brandenburgischen Generalmajor zu Pferde und am 14. (24.) 12. 1688 zum Generallieutenant befördert.

Herzog August starb am 26. 9. 1689 bei der Belagerung von Bonn an einer ansteckenden Krankheit.

Er war vermählt im Jahre 1676 mit Hedwig Luise, Tochter des Grafen Philipp von der Lippe-Alverdissen, geb. am 6. 5. 1650, gest. 1731.

Kinder:

Friedrich Wilhelm I., geb. am 2. 5. 1682, gest. am 26. 6. 1719.

2. **Friedrich Ludwig,** der jüngere Bruder des Vorhergehenden, wurde am Palmsonntage, den 6. April des Jahres 1653, auf dem bei Minden gelegenen Schlosse Beck, welches sein Vater erworben hatte, geboren.

Nachdem Friedrich Ludwig eine sorgfältige Erziehung genossen, trat er 1670 als gemeiner Reiter in das Kurbrandenburgische Regiment zu Pferde von Eller ein und avancirte 1671 zum Kornet. Während des Feldzuges 1672/73 gegen Frankreich hatte er Gelegenheit, sich mehrfach auszuzeichnen, so daß ihn der Kurfürst 1673 zum Rittmeister bei dem Lübckeschen Regiment ernannte.

1675 kämpfte er bei Fehrbellin, wurde am 22. 8. 1676 im Feldlager zu Anklam Oberst „über die also genannten Holsteinschen Dragoner" und machte an der Spitze dieses Regiments den weiteren Feldzug gegen die Schweden mit. Bei der Belagerung von Stettin 1677 wurde er durch einen Schuß am Kopf schwer verwundet.

Im Jahre 1679 finden wir Friedrich Ludwig mit seinen Dragonern bei dem Korps des Generallieutenants Freiherrn v. Spaën wiederum den Franzosen gegenüber. Hier vollführte er eine seiner glänzendsten Waffenthaten.

Spaën stand am linken Weser-Ufer bis Gohfeld, eine Meile oberhalb der Porta. Am 11. Juni früh Morgens begann Marschall Crequi, 12 000 Mann stark, den Angriff bei Gohfeld. Die Brandenburgischen Vorposten zogen sich kämpfend auf die Vertheidigungsstellung, den Paß der Porta bei Haus am Berge (Hausberge), zurück, wo Prinz Friedrich Ludwig mit seinen Holsteinschen Dragonern postirt war, und außerdem drei Reiter-Regimenter. Diese Kavallerie warf sich dem vorrückenden Feinde entgegen. Es entspann sich ein hartnäckiges Gefecht, in welchem sich der Prinz durch persönliche Tapferkeit auf das Rühmlichste hervorthat. Fünf Stunden wogte der Kampf hin und her, auf beiden Seiten war der Verlust bedeutend; dann mußten die Brandenburgischen Reiter der Uebermacht langsam weichen. Prinz Friedrich Ludwig deckte mit seinen Dragonern den Rückzug und verhinderte den Feind an weiterer Verfolgung.

Von seinen 4 Dragoner-Kompagnien kehrten nur 104 Mann unter die schützenden Wälle von Minden zurück.

Marschall Crequi hat selbst gestanden, daß, wenn die Brandenburger ihm an Zahl nicht so ungleich gewesen wären, die Seinigen wenig ausgerichtet haben würden. Er erkundigte sich nach dem heldenmüthigen Anführer der Dragoner und bot dem Prinzen ein Regiment in der Französischen Armee an. Doch schlug Friedrich Ludwig dieses · Anerbieten in seiner Treue zum Brandenburgischen Hause ohne Bedenken aus.

Das Resultat des Gefechts stand mit der Tapferkeit der Brandenburgischen Reiter in vollem Einklang. Die feindliche Armee, durch den unerwartet hartnäckigen Widerstand stutzig gemacht, setzte den Angriff nicht fort, sondern zog sich auf Herford zurück. Erst am 26. Juni begann sie von Neuem ihre Vorwärtsbewegungen.

Wenige Tage nach dem Gefecht bei Hausberge wurde der Frieden von St. Germain en Laye (19. Juni) geschlossen.

Die so arg mitgenommenen Holsteinschen Dragoner wurden nicht wieder komplettirt, sondern aufgelöst. Doch erhielt Prinz Friedrich Ludwig am 12. 10. 1681 die Zusicherung, Kur-brandenburgischer Oberst mit seinem bisherigen Patent und 72 Thaler monatlichem Gehalt zu verbleiben.

Darauf unternahm er theils zu seiner Ausbildung, theils in diplomatischer Mission Reisen nach Frankreich und England, von denen er 1682 zurückkehrte.

Zum Ersatz für sein Dragoner-Regiment erhielt er am 14. 9. 1682 die Frei-Kompagnien des zum Kommandanten von

Magdeburg ernannten Oberstlieutenants v. Lichtenhayn vom Regiment Alt-Holstein, dessen Chef der Herzog August von Holstein-Plön war.

Am 18. 8. 1685 wurde Friedrich Ludwig zum Generalmajor befördert und zum Chef des Regiments „Jung-Holstein zu Fuß" (Nr. 11) ernannt, welches in demselben Jahre aus 3 Frei-Kompagnien und aus Abgaben der Regimenter Alt-Holstein und Spaën (je 2 Kompagnien) in der Stärke von 5 Kompagnien formirt und 1687 auf 8 Kompagnien vermehrt wurde.

An dem 1688 beginnenden Feldzuge gegen Frankreich nahm der Prinz thätigen Antheil und machte außer mehreren Gefechten die Belagerung von Bonn mit Auszeichnung mit. Sein älterer Bruder, Herzog August, erlag, wie schon erwähnt, hier einer ansteckenden Krankheit.

Am 28. 6. 1690 avancirte er zum Generallieutenant und erhielt am 13. Juli das Gouvernement von Wesel sowie das Kommando über die zwischen Rhein und Weser stehenden Truppen.

Anfang 1693 wurde der Prinz Gouverneur der Provinz Preußen und nahm seinen Wohnsitz seit dieser Zeit mit einzelnen Unterbrechungen in Königsberg.

Im Jahre 1694 richtete der König von Dänemark an den Prinzen nach Verleihung des Elephanten-Ordens das Anerbieten, in Dänische Dienste zu treten, die Stelle als „Vize-Roy" von Norwegen und ein Regiment zu übernehmen. Aber der Prinz wies diese ehrenvolle Aufforderung von der Hand.

Am 8. August 1697 wurde Friedrich Ludwig zum General der Kavallerie und im Jahre 1698 zum Gouverneur von Minden ernannt.

Bei der Krönung des ersten Königs von Preußen 1701 fungirten der Prinz und seine Gemahlin ihrem hohen Range und ihrer Stellung gemäß während der Ceremonie. Die Prinzessin befestigte die Krone, welche der König der Königin auf das Haupt gesetzt hatte, und trug bei dem Gange nach der Schloßkirche die Schleppe der Königin.

Bei der Stiftung des Schwarzen Adler-Ordens am 17. 1. 1701 ward der Prinz einer der 18 ersten Ritter dieses Ordens.

Am 26. 3. 1713 wurde er zum Feldmarschall ernannt, auch wirklicher Geheimer Kriegsrath und bereits Statthalter von Preußen.

Am 26. 6. 1719 folgt er seinem Neffen Friedrich Wilhelm I. (Tabelle III) in der Regierung. Die Herzogswürde ging hiermit auf Friedrich Ludwig über.

Der Herzog stand bis zum 19. 8. 1721 als Chef an der Spitze seines Regiments und trat dasselbe am genannten Tage seinem Sohne Friedrich Wilhelm ab, doch blieb er bis zu seinem Tode Inhaber der Leib-Kompagnie.

Als Chef sorgte er väterlich für sein Regiment. Während der großen Pest 1709 soll er dasselbe von Königsberg nach seinem Gute Charlottenthal verlegt haben, woselbst auf seinen Befehl einige Wochen hindurch Wachholderfeuer brannten, wodurch die Gegend von der Pest verschont blieb.

Am 7. 3. 1728 endete der Tod die ruhmvolle Laufbahn Friedrich Ludwigs.

Die Beisetzung desselben erfolgte am 4. Mai auf besonderen königlichen Befehl mit standesgemäßer Pracht.

Zum ewigen Angedenken hat das Bild des Herzogs Friedrich Ludwig von Holstein=Beck im Feldmarschallsaal der Haupt= Kadettenanstalt zu Groß=Lichterfelde bei Berlin einen würdigen Platz gefunden.

In Ostpreußen erinnern noch heute die Namen der Güter Luisenhof und Charlottenthal bei Königsberg an die Gemahlin des Herzogs. Friedrich Ludwig hatte in jener Gegend verschiedene Besitzungen, meistens Waldstrecken, gekauft und dort Jagdschlösser erbaut, die er nach seiner Gemahlin benannte. Die Güter blieben bis Anfang dieses Jahrhunderts im Besitz seiner Nachkommen.

Der Herzog war seit dem 1. 1. 1685 mit Luise Charlotte, der Tochter des Herzogs Ernst Günther von Augustenburg und der Prinzessin Auguste von Holstein=Glücksburg vermählt, geb. am 13. 4. 1658, gest. am 2. 5. 1730.

Kinder. (Männliche Nachkommenschaft):

1. **Friedrich Wilhelm II.** (Siehe folgend unter 3.)

2. **Friedrich Ludwig**, geb. am 25. 8. 1688, gest. am 5. 11. 1688.

3. **Karl Ludwig**, geb. am 18. 9. 1690, gest. als Russischer Feldmarschall am 22. 9. 1774.

4. **Philipp Wilhelm**, geb. am 10. 6. 1693, gest. im November 1729.

5. **Peter August Friedrich**, geb. am 7. 12. 1696, gest. als Russischer General=Feldmarschall und Befehlshaber von Reval am 22. 3. 1775.

   Vermählt seit 5. 9. 1723 mit Sophie, Tochter des Lndagrafen von Hessen=Philippsthal, gest. am 9. 5. 1728, dann mit Natalia, Tochter des Russischen Admirals Grafen Nikolaus v. Gallowin, gest. 8. 1. 1767.

   Peter August Friedrich hinterließ eine zahlreiche Nachkommenschaft. Von ihm stammen die jetzt in Dänemark und Griechenland regierenden Häuser ab.

3. **Friedrich Wilhelm II.** wurde am 18. 6. 1687 als ältester Sohn des General=Feldmarschalls Herzog Friedrich Ludwig von Holstein= Beck geboren.

Friedrich Wilhelm studirte in Halle, trat nach beendigtem Studium 1699 in die Preußische Armee, wurde am 16. 3. 1709 zum Oberstlieutenant, am 3. 5. 1713, noch nicht volle 26 Jahre alt, zum Oberst des Regiments „Holstein zu Fuß" (Nr. 11), dessen Chef sein Vater war, befördert und machte an der Spitze des Regiments 1715 die Belagerung von Stralsund mit. Seiner Beförderung zum Generalmajor am 15. 6. 1721 folgte am 19. August desselben Jahres die Ernennung zum Chef des Holsteinschen Regiments zu Fuß, welches ihm sein Vater abtrat.

1728 wurde er Ritter des Schwarzen Adler-Ordens und bei seines Vaters Tode am 7. März desselben Jahres Herzog von Holstein-Beck.

Nachdem der Herzog am 22. 7. 1732 zum Gouverneur von Spandau, am 3. 5. 1733 zum Generallieutenant ernannt war, wohnte er persönlich dem Feldzuge am Rhein (1734/35) bei.

Friedrich der Große beförderte den Herzog am 29. 7. 1740 zum General der Infanterie und bestimmte ihn bei dem Ausbruch des Ersten Schlesischen Krieges dazu, ein kleines Truppenkorps nach Schlesien der dorthin bereits abgerückten Armee nachzuführen. Am 27. Dezember traf dieses Korps, etwa 6000 Mann Infanterie und 1780 Reiter, vor Glogau ein und löste die dort befindlichen Einschließungstruppen von der Kolonne des Königs ab.

Während Letzterer am 28. Dezember von Gläsersdorf vor Glogau mit seinen Gendarmen und dem Leib-Regimente, sowie 5 Grenadier-Bataillonen den übrigen Truppen vorauseilte und am 31. Dezember vor Breslau eintraf, folgte der Herzog von Holstein mit etwa 5000 Mann auf dem rechten Oder-Ufer und erreichte die Hauptstadt Schlesiens am 3. 1. 1741, als der König seinen Einzug hielt.

Mitte Februar 1741 rückte der Herzog mit einem Detachement gegen Namslau vor, zu dessen Einschließung Anfang Februar 1400 Mann zurückgelassen waren, und zwang nach dreitägiger heftiger Beschießung die kleine Festung am 22. Februar zur Uebergabe.

Ende März 1741 finden wir den Herzog mit etwa 7000 Mann bei Frankenstein postirt, zur Deckung gegen den Oesterreichischen General Lentulus in der Grafschaft Glatz. Hier sollte ihn der am 2. April vom König aus Jägerndorf abgesandte Befehl treffen, schleunigst zur Konzentrirung der Armee abzumarschiren, damit man sich mit vereinten Kräften dem gegen Neiße vorrückenden Neipperg entgegenstellen könnte. Doch erreichte dieser Befehl den Herzog nicht. Vergeblich erwartete der König bei Mollwitz das Erscheinen des kleinen Korps, welches viel zur Vervollständigung und Ausnutzung des Sieges hätte beitragen können. Der Herzog war am Tage der Schlacht bei Strehlen

angelangt, marschirte jedoch nicht dem von Mollwitz herüber=
tönenden Kanonendonner entgegen. Ihm entging hierdurch eine
der schönsten Aktionen in seinem berühmten Feldherrnleben.

Bald nach der Schlacht zog er sich für seine Person nach
Berlin zurück. Der König beförderte ihn zwar am 5. Juni
desselben Jahres zum General=Feldmarschall, übertrug ihm 1744
in Stellvertretung des Generals von der Marwitz das Gouverne=
ment von Breslau und ernannte ihn 1747 zum Gouverneur
von Berlin, doch ein Kommando im Felde erhielt der Herzog
nicht wieder.

Herzog Friedrich Wilhelm hatte sich während der Regierung
Königs Friedrich Wilhelm I. stets der besonderen Gnade dieses
Monarchen zu erfreuen, und erfuhr von demselben zahlreiche
Gunstbezeugungen.

Am 18. 10. 1717 wurde ihm die Amtshauptmannschaft von
Riesenburg verliehen.

Durch Allerhöchste Urkunde vom 15. 5. 1719 schenkte ihm
der König das Schloß und das Gut Friedrichshof am Pregel,
und legte später durch Urkunde vom 12. 5. 1727 dem dazu=
gehörigen Gute adlig=köllmische Rechte bei.

Gleichzeitig überließ ihm der König in der letztgenannten
Urkunde das in der Nähe am Haff gelegene Dorf Kasebalg gegen
das Dorf Neuforst in der Tilsiter Niederung, während letzteres
der Herzog dem Könige abtrat. Jenes Schloß Friedrichshof
hatte der Kurfürst Friedrich III. Ende der neunziger Jahre des
17. Jahrhunderts in Form eines lateinischen H — zu Ehren
des heiligen Hubertus — unweit der Mündung des Pregels
in das Frische Haff erbaut, um in der Capornschen Haide der
Jagd zu pflegen.

Seit der Schenkung hieß das Schloß und Gut „Holstein",
während das Dorf den alten Namen Kasebalg bis nach 1863
beibehielt. Heutigen Tages heißt das Schloß nebst Gut „Groß=
Holstein" und das Dorf Kasebalg „Klein=Holstein".

Nach dem Tode seines Vaters wurde dem Herzog im April
1728 auch die Amtshauptmannschaft von Brandenburg über=
tragen. Durch einen Vergleich gelangte der Herzog 1732 in den
Besitz der Herrschaft Beck bei Minden, von welcher seine Linie
den Namen trug. Er verkaufte dieselbe jedoch nach einiger Zeit
wieder und erwarb statt dessen die Condenenschen Güter
(1½ Meilen nordöstlich von Königsberg).

In Königsberg bewohnte der Herzog das jetzige Kommandantur=
gebäude, welches damals dem Generalmajor Grafen Truchseß zu
Waldburg gehörte und dessen Ankauf König Friedrich Wilhelm I.
am 5. 7. 1736 befahl.

Die Beziehungen des Herzogs zu Friedrich dem Großen waren
bis zur Schlacht bei Mollwitz ebenfalls die besten.

Häufig war er der Gast des Königs und wohnte dann in dem Schlosse zu Potsdam.

Am 11. 11. 1749 starb der Herzog in Königsberg.

Der König befahl am 1. Dezember die Beisetzung der irdischen Ueberreste des Dahingeschiedenen in der Fürstengruft des Kneip=höfischen Domes zu Königsberg i. Pr.

Herzog Friedrich Wilhelm war zwei Mal vermählt:

1. mit Eleonore, verwittweten Gräfin von Czartoriska, Tochter des Polnischen Großschatzmeisters Woiwoden Wladislaus von Loß, und

2. am 2. 12. 1721 mit Ursula Anna, Tochter des Burggrafen Christoph von Dohna = Schlobien, geb. 31. 12. 1700, gest. 17. 3. 1761.

Die erste Ehe blieb kinderlos, aus der zweiten entsprossen:

' Kinder. Männliche Nachkommenschaft:

Friedrich Wilhelm. (Siehe folgend 4.)

4. **Friedrich** Wilhelm wurde am 4. 11. 1723 (? 24) geboren und blieb als Oberst des von Pfuelschen Regiments vor Prag am 6. 5. 1757.

Am 2. 8. 1743 wurde Prinz Friedrich zum Major im neuen Württembergischen Füsilier=Regiment (Nr. 46) und am 10. 5. 1747 zum Oberstlieutenant befördert.

Nach dem Tode seines Vaters (11. 11. 1749) wurde der Prinz regierender Herzog und erhielt am 18. 9. 1753 das Patent zum Oberst.

Herzog Friedrich war ein sehr tüchtiger Soldat. Er wurde bei Prag erschossen, indem er sein Regiment gegen eine Batterie führte und dem neben seinem Pferde marschirenden Fahnenjunker es verwies, daß er in dem Kugelregen den damals üblichen lang=samen Avancirschritt beschleunigte.

Als er erschossen wurde, trug er eine Karte von Böhmen auf der Brust, die mit seinem Blute getränkt nach Schlobitten ge=bracht wurde.

Der Herzog starb unvermählt.

5. **Karl August Anton**, Vetter des Vorhergehenden, geb. 10. 8. 1727, zuerst in Russischen Diensten, starb als Major und Kommandeur des von Bredowschen Füsilier=Regiments (Nr. 43) an seinen bei Kunersdorf erhaltenen Wunden am 12. 9. 1759 zu Stettin.

König Friedrich II. schrieb in einem eigenhändigen Briefe an den Sohn des Fürsten: „qu'il ne méritait que de justes louanges".

Vater: **Peter August Friedrich**, geb. 7. 12. 1696, gest. 22. 3. 1775 als Russischer General=Feldmarschall und Befehlshaber von Reval (Bruder von 3).

Mutter: (5. 9. 1723 — erste Ehe) Sophie, Tochter des Land=
graſen von Heſſen=Philippsthal, geſt. 9. 5. 1728.

Der Prinz war vermählt seit 30. 5. 1754 mit Friederike Antonie
Amalie, Tochter des Grafen Albert Chriſtoph von Dohna=
Leiſtenau, geb. 3. 7. 1738. Nach dem Tode des Prinzen wieder=
vermählt mit Graf Friedrich Franz Detlev v. Moltke,
geſt. 21. 4. 1786.

Kinder:

Friedrich Karl Ludwig. (Siehe nachfolgend 6.)

6. **Friedrich Karl Ludwig,** Herzog zu Holſtein=Beck, wurde am 20. 8.
1757 geboren und folgte ſeinem Großvater Peter Auguſt Friedrich
am 22. 3. 1775 als regierender Herzog.

Friedrich Karl Ludwig war bei dem Tode ſeines Vaters erſt zwei
Jahre alt. Seine Mutter begab ſich 1762 nach Petersburg,
als Peter III. unmittelbar nach ſeiner Thronbeſteigung die ſämmt=
lichen Mitglieder des Hauſes Holſtein=Sonderburg aufgefordert
hatte, nach Rußland überzuſiedeln.

Sie ward vom Kaiſer ſehr ausgezeichnet und mit anſehnlichen
Krongütern in Eſthland beſchenkt.

Ihr Sohn Friedrich Karl Ludwig war in Königsberg im
Hauſe ſeiner Großmutter mütterlicherſeits, der Prinzeſſin Sophie
Henriette, verwittweten Gräfin Dohna, zurückgeblieben, obwohl
ſein Großvater väterlicherſeits, Prinz Peter Auguſt Friedrich,
Ruſſiſcher General=Feldmarſchall, die Ueberſiedelung des Enkels nach
Rußland dringend wünſchte und Kaiſer Peter III. den fünf=
jährigen Knaben bereits 1762 zum Premiermajor im Holſteinſchen
Regiment ernannt hatte.

Seine Mutter kehrte nach dem Tode Peters III. infolge eines
Zerwürfniſſes mit der Kaiſerin Katharina, welches die Einziehung
der geſchenkten Krongüter zur Folge hatte, nach Königsberg
zurück.

Im Jahre 1774 verlangte der Feldmarſchall Peter Auguſt
Friedrich abermals die Ueberſiedelung des jungen Prinzen nach
Rußland.

Der kategoriſchen Aufforderung des Großvaters mußte Folge
geleiſtet werden. Alles war zur Abreiſe vorbereitet. Da traf
die Nachricht von dem am 22. 3. 1775 erfolgten Tode des
Feldmarſchalls in Königsberg ein, und die Reiſe wurde auf=
gegeben.

Um eben dieſe Zeit hatte ſich die Mutter des Prinzen, auf
welchen jetzt der Herzogstitel überging, wegen einer ihr ab=
verlangten Kontribution an den König Friedrich II. gewendet.
Dieſer erließ ihr die Kontribution, verlangte aber zugleich, daß
der jungen Herzog in Preußiſche Dienſte treten ſollte, und zwar
mit ſeiner Ruſſiſchen Ancinnetät. Der hochbetagte König er=

innerte sich wohl der Beziehungen seines Hauses zu den Herzögen von Holstein-Beck, und widmete daher dem jungen Herzog sein besonderes Interesse. In einem eigenhändigen Schreiben billigte der König den Entschluß des Herzogs, vor dem Eintritt in die Preußische Armee eine längere Reise ins Ausland zu unternehmen.

Nachdem Friedrich Karl Ludwig seine Reise vollendet und hauptsächlich in Lausanne und auf der Militärakademie in Metz ernsten Studien obgelegen hatte, trat er 1777, kaum 20 Jahre alt, als Major des von Knobelsdorffschen Regiments in den aktiven Dienst. Bei dem Beginn des Bayerischen Erbfolgekrieges erhielt der Herzog das Kommando über ein Grenadier-Bataillon und machte den Feldzug bei der Armee des Prinzen Heinrich mit.

Bald darauf trübten sich seine Beziehungen zum Könige. Er erbat den Abschied, erhielt jedoch den Bescheid, er solle sich beruhigen, man sei ganz zufrieden mit ihm.

Nach dem Frieden von Teschen wurde er zum Regiment Schlieben als jüngster Stabsoffizier versetzt.

1781 wurde der Herzog zum Oberstlieutenant befördert. Allein neue Mißhelligkeiten mit dem Könige veranlaßten ihn abermals, um seine Verabschiedung einzukommen, welche ihm auch in demselben Jahre gewährt wurde.

Der Herzog zog sich auf sein Gut Lindenau bei Braunsberg zurück und lebte dort in ländlicher Zurückgezogenheit.

Nach dem Tode Friedrich II. fand er sich wieder in Berlin ein und wurde am. 30. 12. 1786 (mit einem Patent vom 4. 6. 1782) als Oberst und Kommandeur des bisherigen von Klingsporschen Grenadier-Bataillons Nr. 4 in Königsberg wieder angestellt.

Um 7. 2. 1789 erhielt er das Kommando über die Ostpreußische Füsilier-Brigade und wurde am 22. Mai d. J. zum Generalmajor befördert.

Im Jahre 1790 am 26. Dezember ernannte ihn der König Friedrich Wilhelm II. zum Chef des Regiments Jung-Holstein (Nr. 11). Im Polnischen Feldzuge 1794 kommandierte der Herzog bei dem Korps des Generallieutenants v. Brünneck ein besonderes Detachement und errang durch geschickte Führung desselben am 1. November einen bedeutenden Erfolg, indem er den Polnischen General v. Grabowsky bei Piomki zur Kapitulation zwang und hierbei 3 Generale, 84 Offiziere, 1604 Mann zu Gefangenen machte, sowie 6 Kanonen und eine Menge Kriegsmaterial erbeutete. Der König verlieh ihm hierfür den Rothen Adler-Orden 1. Klasse und ernannte ihn am 2. Januar 1795 zum Generallieutenant.

Im Juli desselben Jahres erhielt er das Kommando über das bei Krakau postirte Preußische Korps und mußte zugleich als Prinzipalkommissär bei Regulirung der Preußisch-Oesterreichischen

Grenze fungiren. Nach Beendigung dieser Thätigkeit kehrte er 1797 wieder nach Königsberg zurück.

Hier verweilte er nur kurze Zeit und folgte dann einer Einladung des Kaisers Paul nach Petersburg.

Dieser empfing ihn mit den Worten: „J'espère que vous arrivez, pour ne plus me quitter."

Die glänzenden Aussichten, welche sich ihm hier eröffneten, die Hoffnung, die eingezogenen Krongüter seiner Mutter wieder zu erlangen, bewogen den Herzog, um seinen Abschied aus Preußischen Diensten zu bitten, um in Russische überzutreten.

Am 17. November 1797 genehmigte König Friedrich Wilhelm III. das Abschiedsgesuch und fügte dem Bescheide die Worte hinzu:

„Es geht mir außerordentlich nahe, aus Ew. Liebden an meinen Vater, des hochseligen Königs Majestät, gerichteten Schreiben zu ersehen, daß Dieselben zu dem Entschluß bestimmt worden, meiner Armee den Ruhm zu entziehen, Sie ferner unter ihren Anführern zählen zu dürfen."

Als erste Bedingung für seinen Uebertritt in die Russische Armee hatte der Herzog die Zusage verlangt und erhalten, daß er nie gegen Preußen verwendet werden sollte.

Mehrere Monate hindurch erfreute sich der Herzog der Gunst des ganzen Hofes und der besonderen Auszeichnung des Kaisers, indessen ist es Thatsache, daß der Herzog bereits im März 1798 den Russischen Dienst verließ und sich nach Leipzig zurückzog. Hier begann er sich dem Studium der Physik, Mathematik und Chemie zu widmen.

Im Jahre 1799 kehrte er auf seine Güter nach Ostpreußen zurück. Die Lage seiner Finanzen verschlechterte sich infolge des unglücklichen Krieges Preußens, der Plünderung der Franzosen, wobei unter Anderem das Hausarchiv verloren ging, durch Kontributionen und Mißernten immer mehr.

Er war diesen Schwierigkeiten nicht gewachsen und siedelte daher 1810 nach seinem alten Stammlande Holstein über, indem er seine Preußischen Besitzungen gewissermaßen derelinquirte und dem Konkurs verfallen ließ.

Der König von Dänemark ernannte ihn zum Generallieutenant und belehnte ihn mit dem früher reichsunmittelbaren Gute Wellingsbüttel. Hier verbrachte der Herzog die letzten Jahre seines Lebens mit wissenschaftlichen Studien in regem Briefwechsel mit vielen Gelehrten seiner Zeit und bildete um sich einen von Jahr zu Jahr erweiterten Kreis von Männern, die ihm aufrichtige Verehrung zollten. Als ein äußeres Zeichen hiervon ist seine 1812 erfolgte Wahl zum Präsidenten der sogenannten Schleswig-Holsteinschen Gesellschaft zu erwähnen.

Am 25. März 1816 machte ein Nervenschlag seinem Leben ein Ende.

Friedrich Karl Ludwig war vermählt seit dem 9. 3. 1780 mit Friederike Antonie Amalie, Tochter des Etatsministers und Oberburggrafen Leopold v. Schlieben auf Sanditten (bei Wehlau). Geb. am 28. 2. 1757, gest. am 17. 12. 1827.

Kinder. Männliche Nachkommenschaft:

Friedrich **Wilhelm** Paul Leopold, geb. am 4. 1. 1785, gest. am 17. 2. 1831.

Folgt seinem Vater in der Regierung, trat in Dänische Dienste (bei der Garde zu Pferde), wurde 1825 von König Friedrich VI. mit dem Schlosse Glücksburg belehnt und erhielt den Titel eines **„Herzogs zu Schleswig-Holstein-Sonderburg-Glücksburg"** am 6. 6. 1825.

Vermählt seit 26. 1. 1810 mit **Luise** Karoline, Tochter des Landgrafen von Hessen-Cassel, geb. am 28. 9. 1789. Der Herzog hinterließ eine zahlreiche Nachkommenschaft. Er bestimmte, daß seine beiden Söhne Julius und Johann (Hans) in Preußische Dienste treten sollten, was auch nach seinem Tode ausgeführt wurde.

Kinder. Männliche Nachkommenschaft:

1. **Karl**, geb. am 30. 9. 1813, gest. am 24. 10. 1878.
2. **Friedrich**, geb. am 23. 10. 1814, gest. am 27. 11. 1885.
3. **Wilhelm**, geb. am 10. 4. 1816.
4. **Christian**, geb. am 8. 4. 1818. Seit 15. 11. 1863 **König von Dänemark.**
5. **Julius**, geb. am 14. 10. 1824. (Siehe nachfolgend 7.)
6. **Johann**, geb. am 5. 12. 1825. (Siehe 8.)
7. **Nicolaus**, geb. am 22. 12. 1828, gest. am 18. 8. 1849. (Siehe 9.)

7. Julius, Prinz zu Schleswig-Holstein-Sonderburg-Glücksburg, Durchlaucht, wurde am 14. 10. 1824 zu Schloß Gottorp geboren.

Prinz Julius wurde am 20. Juni 1842 als Sekondlieutenant dem Magdeburgischen Husaren-Regiment Nr. 10 aggregirt und am 10. 12. 1846 zum Westfälischen Ulanen-Regiment Nr. 5 versetzt. Unterm 30. 1. 1847 wurde demselben gestattet, das Großkreuz des Braunschweigischen Ordens „Heinrich des Löwen" zu tragen. Seit dem 22. 3. 1849 als aggregirt zum Garde-Husaren-Regiment versetzt, wurde der Prinz am 22. 6. 1852 aggregirter Premierlieutenant, am 12. 10. 1852 in das Regiment einrangirt und am 17. 10. 1854 zum Rittmeister befördert.

Nachdem er am 14. 1. 1860 à la suite des Regiments gestellt und ihm der Charakter als Major verliehen worden war, wurde Prinz Julius am 17. 10. 1860 unter Verleihung eines Patents als etatsmäßiger Stabsoffizier in das 2. Westfälische Husaren-Regiment Nr. 11 versetzt.

Am 9. 2. 1864 wurde dem Prinzen der Abschied bewilligt, da ihn die Verwickelungen mit Dänemark zwangen, seine Entlassung in Preußen zu nehmen.

Zur Zeit ist Prinz Julius Königlich Dänischer General à la suite der Armee.

Der Prinz wurde morganatisch vermählt zu Schloß Ballenstedt am Harz am 2. 6. 1883 mit Elisabeth v. Ziegesar „Gräfin Roest" (Dänischer Grafenstand) geb. am 18. 6. 1856, gest. am 20. 11. 1887, Tochter des verstorbenen Königlich Sächsischen Rittmeisters v. Ziegesar.

8. **Johann,** Prinz zu Schleswig-Holstein-Sonderburg-Glücksburg, Durchlaucht, geb. am 5. 12. 1825 zu Schloß Gottorp.

Prinz Johann wurde am 20. 6. 1842 als Sekondlieutenant dem 2. Magdeburgischen Infanterie-Regiment Nr. 27 aggregirt. Seit dem 10. 12. 1846 zum damaligen Garde-Dragoner-Regiment, jetzt 1. Garde-Dragoner-Regiment Königin von Großbritannien und Irland, als aggregirt versetzt, wurde derselbe am 22. 6. 1852 zum aggregirten Premierlieutenant und am 24. 10. 1854 zum aggregirten Rittmeister befördert.

Am 12. 4. 1859 schied der Prinz nach einem Sturze eines Knieleidens wegen mit dem Charakter als Major und der Erlaubniß, die Uniform des Garde-Dragoner-Regiments zu tragen, aus und trat zu den Offizieren à la suite der Armee über.

Am 12. 1. 1864 wurde dem Prinzen aus gleichen Gründen wie seinem Bruder Julius der Abschied bewilligt.

Prinz Johann ist zur Zeit Königlich Dänischer General à la suite der Armee.

9. **Nicolaus,** Prinz zu Schleswig-Holstein-Sonderburg-Glücksburg, Durchlaucht, geb. am 22. 12. 1828, gest. am 18. 8. 1849.

Prinz Nicolaus war zunächst Rittmeister in Dänischen Diensten und trat am 13. 3. 1849 als aggregirter Sekondlieutenant in das Preußische 1. Brandenburgische Dragoner-Regiment Nr. 2 ein.

10. **Friedrich Ferdinand** Georg Christian Karl Wilhelm, Herzog zu Schleswig-Holstein-Sonderburg-Glücksburg, Erbe von Norwegen, Herzog zu Schleswig-Holstein, Stormarn und der Dithmarschen, wie auch zu Oldenburg, Hoheit, geb. im Schloß zu Kiel am 12. 10. 1855. (Neffe von 7, 8, 9.)

Vater: Friedrich, Herzog von Schleswig-Holstein-Sonderburg-Glücksburg, geb. am 23. 10. 1814, gest. 27. 11. 1885.

Mutter: (16. 10. 1841) Adelheid Christine Juliane Charlotte, Tochter des Fürsten Georg von Schaumburg-Lippe, geb. 9. 3. 1821, wohnt zu Luisenlund.

Herzog Friedrich Ferdinand wurde am 24. 3. 1876 als Sekondlieutenant à la suite des 1. Garde-Regiments zu Fuß gestellt.

Durch A. K. O. vom 27. 10. 1881 wurde der Herzog zum
2. Hessischen Husaren-Regiment Nr. 14, à la suite desselben,
und durch A. K. O. vom 12. 12. 1885 unter Beförderung zum
Premierlieutenant zu den Offizieren à la suite der Armee versetzt.
Seit dem 11. 7. 1888 (Patent 10. 9. 1890) Rittmeister
à la suite der Armee, wurde dem Herzog am 8. 9. 1890 das
Großkreuz des Rothen Adler-Ordens verliehen.

Herzog Friedrich Ferdinand lebt zu Schloß Grünholz bei
Eckernförde und ist vermählt zu Primkenau am 19. 3. 1885 mit
Caroline Mathilde, Prinzessin zu Schleswig-Holstein-Sonder-
burg-Augustenburg, geb. am 25. 1. 1860.

II. **Albert** Christian Adolf Carl Eugen, Prinz zu Schleswig-Holstein-
Sonderburg-Glücksburg, Hoheit, geb. am 15. 3. 1863 im Schloß
zu Kiel. (Bruder von 10.)

Prinz Albert erhielt seine Erziehung im elterlichen Hause und in
einer Pension zu Genf.

Am 27. 4. 1882 wurde der Prinz als Sekondlieutenant
à la suite des 2. Hessischen Husaren-Regiments Nr. 14 gestellt
und am 28. 12. 1882 in das Regiment einrangirt.

Durch A. K. O. vom 13. 7. 1887 wurde dem Prinzen Albert
das Prädikat „Durchlaucht" und durch gleiche Ordre vom 3. 4. 1888
das Prädikat „Hoheit" beigelegt und Sr. Hoheit am 20. 2. 1889
der Rothe Adler-Orden 1. Klasse verliehen.

Am 15. 3. 1889 wurde Prinz Albert unter Beförderung
zum Premierlieutenant in das Regiment der Gardes du Corps
versetzt.

Die Herzöge von Schleswig-Holstein-Sonderburg.

Tabelle V.

Plönische Linie.

A. Zu Norburg.

1. **August,** Herzog zu Holstein-Plön, Hoheit, geb. am 9. 5. 1635, gest.
am 17. 9. 1699.

Vater: **Joachim Ernst,** geb. am 29. 8. 1595, gest. am 5. 10. 1671,
folgte in Plön 1622, erhielt 1667 Ansprüche auf Oldenburg
und Delmenhorst, trat dieselben 18. 3. 1671 an König Christian V.
von Dänemark gegen Versprechung von Entschädigung ab.

Mutter: (12.5.1633) **Dorothea Auguste,** Tochter des Herzogs Johann
Adolf von Schleswig-Holstein-Gottorp, gest. am 31. 3. 1682.

Herzog August erhielt 1676 als Entschädigung für Oldenburg und Delmenhorst „Norburg". Wird auch Herzog zu Schleswig-Holstein-Stormarn und der Dithmarschen, Graf zu Oldenburg und Delmenhorst genannt.

Der Herzog wurde am 4. 6. 1663 Kurbrandenburgischer Generalmajor und befehligte das Korps, welches der große Kurfürst dem Kaiser Leopold 1663 gegen die Türken nach Ungarn zu Hülfe sendete und welches hier unter den Befehl des kaiserlichen Generalissimus des Souches trat, bei der Belagerung des am 25. 4. 1664 kapitulirenden Neutra, im Gefecht bei Kreutz am 16. 5., bei der Erstürmung von Lewentz am 30. 5. d. Jahres und in den Gefechten bei diesem Orte am 19. 7. focht.

Bei letzteren hatten sich die Brandenburgischen Truppen hervorragend ausgezeichnet. Der Kaiser erwähnt in einem Schreiben an den Kurfürsten des Herzogs von Holstein große Tapferkeit und kriegerische Einsicht, die er an diesem Tage gezeigt hatte.

Am 20. 8. 1664 wurde der Herzog Generallieutenant und Gouverneur von Magdeburg.

Im Jahre 1674 finden wir den Herzog August im Elsaß, wo er die Truppen der Herzöge von Celle und Wolfenbüttel, von denen der letztere sein Schwager war, in der Schlacht bei Ensisheim am 4. 10. 1674 kommandirte.

Auch im Pommerschen Feldzuge befehligte er außer Brandenburgischen diese Truppen, namentlich bei der Belagerung von Stettin, welche Feste am 16. (26.) 12. 1677 kapitulirte.

Am 31. 12. 1674 wurde der Herzog zum Wirklichen Geheimrath, General-Feldzeugmeister und Statthalter des Fürstenthums Halberstadt ernannt.

Nach einigen Angaben schenkte ihm auch der Kurfürst im Jahre 1676 wegen seiner Treue und seines Wohlverhaltens die Insel Usedom erblich.

1679 quittirte der Herzog den Dienst und begab sich in seine Erblande.

Herzog Ludwig war Chef des Regiments „Alt-Holstein".

Friedrich der Große sagt von ihm, daß derselbe einer der bedeutendsten Generale gewesen.

Herzog Ludwig war vermählt am 6. (? 8.) 10. 1666 mit Elisabeth Charlotte, Tochter des Fürsten Friedrich von Anhalt-Harzgerode, Wittwe des Fürsten Wilhelm Ludwig von Anhalt-Cöthen, gest. am 20. 1. 1723.

Herzog Ludwig hatte 2 Söhne.

Joachim Friedrich (siehe folgend unten 2).

Christian Karl (siehe 3).

B. Zu Plön.

2. Joachim Friedrich, ältester Sohn des Vorstehenden, geb. am 9. (? 10.) 5. 1668, gest. am 25. 1. 1722.

Herzog Joachim Friedrich wird am 27. 5. 1686 Oberst in Brandenburgischen Diensten.

Folgt am 17. 9. 1699 seinem Vater zu Norburg und am 4. 11. 1706 seinem Neffen Leopold August zu Plön in der Regierung.

Vermählt:

1. Am 26. 11. 1704 mit **Magdalene Juliane,** Tochter des Pfalzgrafen Johann Karl von Birkenfeld-Gelnhausen, geb. am 28. 2. 1686, gest. am 5. 11. 1720.
2. Am 17. 2. 1722 mit **Juliane Luise,** Tochter des Fürsten Christian Eberhard von Ostfriesland, geb. 13. 6. 1698, gest. am 6. 2. 1740. Kinderlose Ehe.

3. Christian Carl, jüngerer Bruder des Vorhergehenden, geb. am 20. 8. 1674, gest. 23. 5. 1706.

Prinz Christian Carl wurde am 30. 11. 1697 Brandenburgischer Oberst und am 14. 1. 1705 Preußischer Generalmajor.

Vermählt am 20. 2. 1702 mit Dorothea Christine, Tochter Johann Franz' von Aichelberg, Amtmanns zu Norburg, geb. am 23. 1. 1674, gest. am 22. 6. 1762.

Kinder. Männliche Nachkommenschaft:

Friedrich Karl, geb. am 4. 8. 1706, gest. am 18. 10. 1761.

Der Prinz erhielt Norburg 1722, welches er am 21. 5. 1729 abtritt und in Plön und Rethwisch folgt.

Er schließt im Jahre 1756 am 29. 11. mit Dänemark einen Vergleich, daß Plön nach seinem Tode, wenn keine männlichen Nachkommen vorhanden wären, an Dänemark fallen solle.

Der Prinz war vermählt am 18. 7. 1730 mit Christiane Irmengard, Tochter des Grafen Christian Detlev von Reventlow, geb. am 2. 5. 1711, gest. am 6. (? 9.) 10. 1779.

Mit Friedrich Karl stirbt 1761 die Plöner Linie aus.

Die Herzöge von Schleswig-Holstein-Gottorp.

Tabelle VI.

1. Georg Ludwig, Prinz zu Schleswig-Holstein-Gottorp, Hoheit, geboren am 16. 3. 1719 im Schloß zu Eutin.

Zwei seiner Brüder waren berufen, Throne zu besteigen:

Adolph Friedrich den Schwedens,
Friedrich August den Oldenburgs.

Seine jüngste Schwester Johanna Elisabeth, 1727 vermählt mit Christian August von Anhalt-Zerbst, ward die Mutter der großen Kaiserin Catharina II. von Rußland.

Vater: Christian August, 26. 4. 1706 Fürstbischof von Lübeck, geb. 11. 1. 1673, gest. 24. 4. 1726.

Mutter: (3. 9. 1704) **Albertine Friederike,** Tochter des Markgrafen Friedrich von Baden-Durlach, geb. 3. 7. 1682, gest. 22. 12. 1755.

Georg Ludwig, der jüngere Prinz, wurde für den Soldatenstand bestimmt, für welchen sich bei ihm schon in früher Jugend eine besondere Vorliebe gezeigt haben soll. Er wurde im Hause seiner Mutter und theils auch bei seinem Onkel und Vormund, Herzog Carl Friedrich, erzogen, welcher ihn auch am 14. 4. 1737 mit dem zum Andenken an seine Gemahlin gestifteten Anna-Orden schmückte.

Zunächst trat der Prinz auf Anrathen seines Vormundes in Sächsische Dienste, und erfolgte unterm 27. 8. 1737 seine Ernennung zum Capitain der Infanterie bei der Leibgarde zu Fuß.

Hier machte er im Jahre 1741 den Feldzug in Böhmen unter dem Grafen Moritz von Sachsen mit und nahm Theil an der Ueberrumpelung Prags (26. 10. 1741). Das erste kriegerische Auftreten Georg Ludwigs fand also unter den Augen des berühmten Marschalls von Sachsen statt, gewiß eine gute Vorbedeutung.

Indessen behagte seiner ernsten Natur der zwar äußerlich glänzende, aber ihn wenig befriedigende Sächsische Dienst nicht. Er erbat und erhielt seine Entlassung am 6. 3. 1742 gnädigst accordiret.

Sehr bald muß der Prinz zur Armee König Friedrichs gegangen sein, denn bereits am 17. Mai des Jahres wohnte er der Schlacht von Chotusitz (Czaslau) bei, wahrscheinlich im Regiment Rochow zu Pferde, welches sich bei dieser Gelegenheit sehr auszeichnete.

Zwei Tage nach der Schlacht, am 19. 5. 1742, wurde ihm das Patent als Oberstlieutenant in diesem Regiment übermittelt, in welchem der König sagt, er nehme den Prinzen in seine Dienste „auch wegen dessen bekannten rühmlichen Eifers und Begierde zu denen Kriegsdiensten und bei allen Gelegenheiten bewiesenen Valeur."

Nach dem Frieden von Breslau blieb sein Regiment in dem neu eroberten Lande, wahrscheinlich in Ohlau, im Quartier.

Am 27. 10. 1743 erhielt Georg Ludwig seine Ernennung zum Oberst und Chef des neu errichteten Dragoner=Regiments Nr. 9, das, 5 Schwadronen stark, in Riesenburg i. Pr. Stand= quartier erhielt.

Nachdem das Regiment formirt worden war, eilte der Prinz nach Berlin, um sich dem Könige persönlich vorzustellen. Friedrich empfing ihn höchst huldvoll und händigte ihm am 5. 12. 1743 das Patent zum Generalmajor ein.

Im zweiten Schlesischen Kriege stand Georg Ludwig unter dem Kommando des Fürsten Leopold von Anhalt und nahm an der Schlacht von Kesselsdorf Theil, ohne daß es ihm vergönnt gewesen wäre, selbstthätig in den Gang der Schlacht einzugreifen.

Nach dem Frieden von Dresden rückte der Prinz mit seinem Regiment wieder in das alte Standquartier Riesenburg.

Hier in der Friedenszeit strebte Georg Ludwig danach, sein Regiment kriegstüchtig auszubilden. Er war ein sehr thätiger Soldat und doch stets ein wohlwollender Vorgesetzter, und gewann ihm der überall hervortretende Eifer für das Interesse des Dienstes die Gnade des großen Königs.

Am 19. 2. 1757 erfolgte seine Beförderung zum General= lieutenant.

Im siebenjährigen Kriege focht der Prinz zunächst unter Feld= marschall Lehwald in Preußen, dem er mit seinem Regiment am 22. 2. 1757 zugetheilt worden war. Er befehligte dessen Avantgarde, die etwa 4000 Mann stark war.

Nachdem die Preußen am 29. August eine Rekognoszirung ausgeführt, der auch der Prinz mit beiwohnte, griffen sie (30 000 Mann) am 30. August die sehr überlegenen Russen (80 000 Mann) bei Groß=Jägerndorf an. Ueber den Antheil des Herzogs an dieser für die Preußischen Waffen sehr rühmlichen, aber nicht glücklichen Schlacht ist uns von Augenzeugen Folgendes aufbewahrt: „Georg Ludwig führte den rechten Flügel der Preußischen Kavallerie, 5 Eskadrons Ruesch=Husaren, 5 Eskadrons Holstein=Dragoner. Ihm gegenüber stand ein großer Schwarm Kosaken und Husaren, neben der Stuterei, es war dies Alles, was man vom Feinde entdecken konnte. Nachdem der Feind eine Zeit lang von der Artillerie beschossen war, griff der Prinz von Holstein mit der Kavallerie des rechten Flügels den Feind an, überritt ihn und drang pêle-mêle mit den Kosaken in eine feindliche Reboute von 11 Kanonen, hieb die Bedienung nieder und hielt die Schanzen mit dem Degen in der Faust 1½ Stunden, schlug mehrere Angriffe Russischer Grenadiere zurück, ließ sie sogar verfolgen, wobei ein Regiment Grenadiere zerstreut wurde.

Als die Preußische Armee endlich der Uebermacht weichen mußte, und namentlich die Infanterie vor dem entsetzlichen Bomben= und Kartätschenfeuer zurückwich, hielt der Herzog bis ganz zuletzt aus und suchte die Infanterie wieder zu ralliiren, bei welcher Gelegenheit ihm sein Bataillenpferd unter dem Leibe blessirt wurde, so daß er ein anderes besteigen mußte."

Seine Bravour, das sang froid, wie ein Berichterstatter sagt, erregten die ehrerbietigste Bewunderung.

Die Schlacht bei Groß=Jägerndorf endete wie bekannt mit dem Rückzuge der Preußen in ihre alte Stellung bei Wehlau, wo die Russen nicht wagten sie anzugreifen.

Als letztere im September d. J. den Rückzug antraten, ordnete der Feldmarschall die Verfolgung an, welche Georg Ludwig übertragen wurde. Er ließ dem Feinde bei Tag und Nacht keine Ruhe und nahm ihm viele Leute, Proviant, Waffen und Beute ab.

Die Lebhaftigkeit der Verfolgung rettete viele unglückliche Dörfer und Städte vor der Einäscherung.

Darauf ging der Prinz mit Lehwald nach Pommern und Mecklenburg und blieb auch auf diesem Zuge der gewohnte Führer der Avantgarde. Der Feldmarschall erwähnt in allen seinen Berichten das brave und geschickte Verhalten des Prinzen und seiner Reiter.

Vor den Wällen Stralsunds erhielt dann Georg Ludwig den größten Beweis von der Königlichen Gnade durch Verleihung des Schwarzen Adler=Ordens (14. 1. 1758).

Von hier sandte ihn der König zu Anfang des Jahres 1758 mit 15 Schwadronen dem Herzog Ferdinand von Braunschweig zur Verstärkung, der bei Lauenburg stand und gegen die Fran= zosen operiren sollte.

Er führte auch hier dessen Avantgarde, als Ferdinand gleich darauf seine Offensive gegen die Franzosen eröffnete, bewerk= stelligte geschickt den Uebergang über die Aller, nahm Nienburg und kommandirte dann bei der Verfolgung der Franzosen ein detachirtes Korps, welches im Verein mit dem Erbprinzen von Braunschweig die Intentionen ihres genialen Feldherrn ausführte und in kurzer Zeit die Hannoverschen Lande von den Französischen Blutsaugern befreite.

Nachdem der Herzog Ferdinand über den Rhein gegangen war, befehligte Georg Ludwig die rechte Flügelkolonne desselben und that auch auf diesem Zuge den Franzosen erheblichen Ab= bruch.

Bei Krefeld hatte der Prinz, welcher sich auf dem rechten Flügel befand und mit seiner Kavallerie den Entscheidungskampf glänzend eröffnete, vollen Antheil an den Erfolgen des Tages (23. 6. 1758).

Als der Höchstkommandirende sich veranlaßt sah, über den Rhein zurückzugehen, um sich mehr der Weser zu nähern, führte Georg Ludwig auch bei dieser Gelegenheit wieder die Truppen, welche zunächst bestimmt waren, dem Feinde die Spitze zu bieten, die Arrieregarde, bestehend aus 23 Schwadronen und 6 Bataillonen.

Bei Bergen befehligte der Prinz im folgenden Jahre die Kolonne des rechten Flügels, ohne hervorzutreten (13. 4. 1759). Georg Ludwigs Thätigkeit in diesem Gefecht scheint sich auf einen Angriff der, die geworfenen Bataillone des Prinzen Ysenburg heftig verfolgenden, feindlichen Infanterie beschränkt zu haben, wodurch diese zum Stehen gebracht wurde.

Bei Minden aber wirkte seine Kavallerie, auf dem linken Flügel fechtend, tapfer zum Siege mit (1. 8. 1759). Hier fiel er mit seinen Dragonern über den Feind her, schlug die feindliche Kavallerie in die Flucht, überritt das Infanterie-Regiment Turenne, dessen größter Theil gefangen genommen wurde, und erbeutete neun Kanonen und zwei Fahnen.

Der Herzog Ferdinand, sonst überall karg in seinem Lobe, ließ im Tagesbefehl „dem Prinzen von Holstein, Durchlaucht, ganz besonders seine Hochachtung und Dank aussprechen" und schrieb dem Könige, „daß die Kavallerie des Prinzen mit einer über alles Lob erhabenen Tapferkeit angegriffen habe."

Darauf gelang es Georg Ludwig am 17. August d. J., die Besatzung Naumburgs bei Cassel zu umzingeln und das Bataillon Narbonne kriegsgefangen zu machen. Zwei Fahnen und ansehnliche Beute fielen dem Sieger in die Hände.

Die Franzosen zogen sich darauf auf Marburg und Gießen zurück.

Auch auf diesem Rückzuge versäumte Georg Ludwig nicht die Gelegenheit, den Franzosen hart zuzusetzen. So überfiel er unter anderm am 8. 1. 1760 das detachirte Korps des Grafen St. Germain bei Ebsdorf und brachte ihm schwere Verluste bei.

Die große Bedeutung dieses an sich kleinen Sieges für die Ruhe der Armee in den Winterquartieren erkannte Herzog Ferdinand an, wenn er auch in seiner Meldung an König Friedrich Georg Ludwigs nicht gedenkt.

Damit endete des Prinzen von Holstein kriegerische Thätigkeit auf dem westlichen Kriegsschauplatze.

Im Frühjahr 1760 wurde er zur Armee des Königs berufen und traf dort am 13. Juni in der Gegend von Torgau ein.

Bei der nun folgenden Belagerung von Dresden kennzeichnen rastlose Thätigkeit, verbunden mit nicht gewöhnlicher Umsicht, sein Verfahren.

4*

Besonders hervorzuheben aber ist darauf seine Theilnahme an dem glücklichen Ausgange und großem Erfolge der Entscheidungs= schlacht von Liegnitz am 15. 8. 1760.

Unerwartet stießen die beiden feindlichen Heere in der Morgen= dämmerung aufeinander. Der Prinz befehligte die ganze Ka= vallerie des linken Flügels. Seine Reiter standen noch an den Pferden, als die Meldung von der Nähe des Feindes einlief. Rasch entschlossen warfen sie sich auf die Pferde und hielten den anstürmenden Feind nicht allein auf, sondern überritten ihn auch zu wiederholten Malen. — Gewiß ein glänzendes Blatt in der Geschichte der preußischen Reiterei. 82 Kanonen, mehr als 6000 Gefangene und 23 Fahnen waren die Trophäen des Tages.

Darauf befehligte Georg Ludwig ein detachirtes Korps, welches dem Könige, der gegen Marschall Daun operirte, den Rücken decken und die Verbindung nach Breslau offen halten sollte.

Der Prinz entwickelte auch hier wie bei Dresden eine außer= ordentliche Thätigkeit und erfüllte seine Aufgabe trotz vielfacher Versuche, welche feindlicherseits geschahen, die Verbindung zu unterbrechen.

Nach der Schlacht von Torgau nahm Georg Ludwig infolge Zerwürfniß mit dem Könige am 17. 3. 1761 seine Demission und verließ zu seiner größten Betrübniß den ihm so lieb ge= wordenen Preußischen Dienst.

Als Kaiser Peter III. in Rußland den Thron bestiegen hatte, folgte der Prinz dem Rufe des Zaren und trat in Russische Dienste (1761).

Der Kaiser empfing ihn mit besonderen Ehren, ertheilte ihm den Titel „Hoheit" und machte ihn zum Chef seiner Deutschen Truppen, ernannte ihn zum Feldmarschall sowie zum Oberst der Leibgarde zu Pferde, deren Chef der Kaiser bisher selbst gewesen war, und zum ersten Chef der Armee=Reorganisations=Kommission, auch erhielt der Prinz den Andreas=Orden. Zar Peter wollte durch ihn seine Armee nach Preußischem Muster organisiren.

Nachdem Peter III. gestürzt war, wurde Georg Ludwig von der Kaiserin Catharina II. zum Statthalter der Großfürstlich= Holsteinschen Lande ernannt (21. 7. 1762) und nahm seinen Wohnsitz im Schlosse zu Kiel.

In seinem alten Stammlande erfreute sich der Prinz des herzlichen Entgegenkommens der Bevölkerung und fand sich in ihrer Mitte wohl.

Nach einem bewegten Leben verschied Prinz Georg Ludwig am Tage der Beisetzung seiner geliebten Gattin sanft zu Hamburg am 7. September 1763.

Der Prinz, der den Wahlspruch „das Handwerk des Krieges ist das Handwerk der Ehre" als seinen ersten proklamirte, hat sich hohe Verdienste erworben. Sein Name ist mit eingegraben in die Erztafeln, welche an dem Standbilde des großen Friedrich die Namen der Männer tragen, die sich in seinem Dienste hervorragend um das Vaterland verdient gemacht haben.

Georg Ludwig war vermählt seit dem 1. 1. 1752 mit **Sophie Charlotte**, Tochter des Herzogs Friedrich Wilhelm von Schleswig=Holstein=Beck, Wittwe des Burggrafen v. Dohna=Wartenburg, geb. am 31. 12. 1722, gest. am 7. 8. 1763 zu Hamburg.

Kinder:

1. **Friedrich Georg**, geb. 20. 7. 1751, gest. 10. 8. 1752.
2. **Wilhelm August**, geb. 18. 1. 1753, gest. 14. 7. 1774.
3. **Peter I.** Friedrich Ludwig, geb. 17. 1. 1755, gest. 21. 5. 1829, Fürstbischof von Lübeck und seit 6. 7. 1785 regierender Landesadministrator des Herzogthums Oldenburg. Seit 2. 7. 1823 **Herzog von Oldenburg.**

Aus obigen Aufzeichnungen geht hervor, daß eine verhältnißmäßig große Zahl unserer Heerführer aus dem Geschlechte der Herzöge von Holstein hervorgegangen ist, denn kein anderes Fürstengeschlecht kann eine so stattliche Reihe derselben aufweisen.

Drei seiner Mitglieder besiegelten ihre Treue zum Brandenburg=Preußischen Hause mit dem Heldentode.

Rendsburg, den 1. Juli 1891.

—————— ••◦•• ——————

Gedruckt in der Königlichen Hofbuchdruckerei von E. S. Mittler & Sohn,
Berlin SW., Kochstraße 68—70.